Hatschepsut

Von Liebe und Gleichgültigkeit

Christoph Lanzendörfer

Hatschepsut

Von Liebe und Gleichgültigkeit

Ein Essay

Christoph Lanzendörfer

Für die Schönste

Suche Dein Glück
nicht anderswo als überall

„Dich habe ich lieben können, dich allein unter den Menschen. Du kannst nicht ermessen, was das bedeutet. Es bedeutet den Quell in einer Wüste, den blühenden Baum in einer Wildnis. Dir allein danke ich es, dass mein Herz nicht verdorrt ist, dass eine Seele in mir blieb, die von der Gnade erreicht werden kann.“

Hermann Hesse, Narziss und Goldmund

Wenn ich, dies vorab, mich meinem eigenen Berufs- und Bildungsleben tendentiell sehr fremden Themen wie Geschichte und Philosophie widme, so tue ich das bewusst als Dilettant und Amateur. Ich „dilettiere" mich am Thema (abgeleitet vom Lateinische delectare: [sich] erfreuen, wobei das Substantiv delectatio sogar Genuss bedeutet) und ich tue dies als Liebhaber - am Thema (Amateur stammt ursprünglich auch aus dem Lateinischen, amare: lieben, amatio: Lieb- oder Leidenschaft). Es gibt kaum etwas Spannenderes, als sich mit völlig Neuem zu beschäftigen, auch wenn dieses Neue uralt ist. Gerade als Dilettant der altägyptischen Geschichte und Amateur der Philosophie.

Es fällt jedem von uns schwer, sich vorbehaltlos in die Gedanken und Gefühle der Menschen hineinzuversetzen, die vor hunderten oder gar tausenden Jahren lebten. Zu trennend sind die geistigen, seelischen, sozialen, empathischen und wissensbasierten Unterschiede. Allein wie schnell sich der Inhalt von Worten ändert, ist ein Hinweis. So ist die „Festplatte" heutigen Verständnisses ein Speichermedium in einem elektronischen Gerät zur Verwaltung von Daten und Anwendungen. Das Erbstück „Festplatte" aus dem Hause meiner Urgroßeltern war eine festlichen Anlässen mit mehreren Gästen vorbehaltene größere Porzellanplatte zum Vorlegen von Speisen. Oder erzählen wir heute Zehnjährigen von der biblischen Geschichte, in der Moses das Meer „teilt", so sehen die Heutigen in einem inneren Bild einen Mann an einem Gestade, der ein *Selfie* von sich vor dem Meer macht und dieses dann seiner *Community* oder seinen *Followern* zur gemeinsamen Ansicht vorträgt – sein Erlebnis Meer also „teilt"[1].

Wie schwer mag dann ein Sprung sein, der nicht nur zwei oder drei Generationen umfasst, sondern etwa 120, also fast 4.000 Jahre?

Wir sind in einem deduktiven Gedankensystem aufgewachsen. Mit Ausnahme von Karl Popper und seiner Schule verfolgen wir im Prinzip seit Aristoteles ein deduktives Gedankenmodell: Aus beobachtbaren Phänomenen allgemeine Schlüsse zu ziehen. Unser Denken ist damit linear. Zusätzlich sind wir in einem monotheistischen Weltbild erzogen worden: Es gibt nur wahren und falschen Glauben, Wahrheit und Unwahrheit, richtig und falsch. Damit leben wir zwar auf einem ethisch und wissensbasiert schmalen Grat, haben dafür aber Wohlstand, Gesundheit und allgemeinen Reichtum in einem vorher unbekannten Maß erworben – allerdings auch die Atombombe und die völlige Verletzbarkeit durch pandemisch auftretende verwüstende Krankheiten wie vor einer Generation AIDS oder

---

[1] Es gibt aber auch Ähnlichkeiten. Das wohl älteste Brettspiel der Weltgeschichte, Senet, erinnert sehr an eine Mischung aus Halma und Mensch ärgere dich nicht. Nur das Würfeln mit Stöckchen ist gewöhnungsbedürftig. Es gibt sehr schöne Holzausgaben davon.

aktuell CoViD. Der Weg, von immer weniger immer mehr wissen und umsetzen zu wollen, hat uns zum Verständnis unserer submolekularen Strukturen geführt. Aber wir haben nie die geistige Auffassungsgabe dafür erlangt, dass sehr viel Wissen nicht gleichzeitig die Befähigung beinhaltet, dieses Wissen auch anwenden zu können.

Menschen, die nach anderen Regeln lebten, verstehen wir kaum[2]. Wir haben **eine** Zeitrechnung: Sie ist, unserem Denken zufolge, linear. Etwas anderes ist auch für uns kaum vorstellbar. Bei allen Versuchen, sich anderes vorzustellen, kommen wir immer wieder auf unsere Ansicht einer Zeitenfolge zurück: Der Morgen folgt der Nacht, der Mittag dem Morgen, der Winter folgt dem Herbst und der Frühling dem Winter – wie sollte es anders sein?
Auch dies hängt mit unserer Erfahrungswelt zusammen, wenngleich wir dies überhaupt nicht bewusst erleben. Für Augustinus war mit dem Tod Christi die zyklische Zeit beendet, denn Christen würden mit diesem Tod dem Ziel der Erlösung entgegengehen. Die Nichtchristen verliefen sich hingegen in einem Zirkel: „Im

---

[2] Ich füge jetzt nicht für jeden Gedanken, den mir die Lektüre der zitierten Autoren und Autorinnen beschert hat, einen Textverweis an. Die Geschichte Ägyptens haben mir am nächsten gebracht Assmann (2018a), Höveler-Müller (2205), Schlögel (2006) und Wilkinson.

Kreise herum werden die Gottlosen wandeln" (12. Buch, Kap. 14). Wir können uns eine zirkuläre Zeit nicht vorstellen. Alle Mythen deuteten jedoch eine kreisförmige Abfolge von Ereignissen: Eine „Wiederkehr urgeprägter Muster" (Assmann, 2018a, S. 28). Geschichtliches Denken sehe die Zeit als Linie. Ägyptisches Denken lebte eine zyklische (Neheh) und eine nicht-zyklische Zeit (Djet).

- **Neheh** ist die rotierende Wiederkehr des Ewigen, sie unterliegt dem Lauf der Sterne und der Sonne. Der Zyklus symbolisiert letztlich das Werden. Das Alte bleibt im Neuen ist die ungefähre Aussage des Neheh.
- **Djet** ist die Dauer und das Bleiben. Letzten Endes, so Assmann (a.a.O., S. 32), ist Djet auch nicht die lineare, also zweidimensionale Zeit, sondern eher als ein Raum vorstellbar.

Es mag auf den ersten Blick uninteressant sein, sich mit diesen Spitzfindigkeiten zu beschäftigen. Wollen wir hingegen andere Menschen verstehen, so müssen wir auch deren Erlebniswelt verstehen. Aus der Existenz zwei sich unterscheidender Zeiten ergibt sich: **Das ägyptische Denken hat das Werden im Auge, nicht in erster Linie das Sein.** Denn Djet ist Stillstand, Neheh ist Veränderung. Sehen wir diese Unterscheidung als gegeben an, so verstehen wir vielleicht eher, weshalb Hatschepsuts Nachfolger auf dem Thron sich erst 30 Jahre nach ihrem Tod die Mühe machte,

10

Andenken an sie zu löschen. Und dies offensichtlich eher gelangweilt als mit Verve.

Drei andere Punkte sind noch zu berücksichtigen: Da ist zum einen die Besiedelung des Landes. Während in fast allen Ländern rings um Ägypten **urbane Gesellschaften** entstanden, die von Zentralstädten aus regiert wurden, wobei oft die Städte die einzigen etwas dichter bewohnten Bestandteile eines Landes waren (wir kennen ähnliche Gegebenheiten im Deutschland des Mittelalters oder in den Stadtrepubliken Italiens der Renaissance), gab es in Ägypten die **territoriale Besiedelung**: Über lange Strecken reihten sich entlang des Nils kleinere Ortschaften, selten nur abgelöst von größeren Städten mit regionaler Verwaltung. Es war also eine völlig andere Lebensweise, die natürlich auch das Denken prägte.

Für ägyptisches Leben spielten vier Bezugspunkte die wichtigste Rolle: das Haus, der Tempel, der Pharao und das Grab. Es waren demnach die Orte für das tägliche Leben; den Glauben; die Macht der Gerechtigkeit, die der Pharao als Hüter der Ma'at zu garantieren hatte, und das ewige Leben.

Ein anderer Punkt ist die ungeheure Dauer des ägyptischen Reiches. Über 3.000 Jahre lang bestand dieser Staat in unterschiedlichen Formen. Auffällig dabei ist die Wiederkehr von Blütezeiten (ausgedrückt in der Phasen des Alten, Mittleren und Neuen Reiches) und dazwischen liegenden Phasen von Auflösung und Wirrnissen, den Zwischenzeiten. Insofern ist die ägyptische Geschichte selbst ein Ausdruck der Neheh.

Und dann müssen wir als dritten Punkt den grundsätzlichen **Dualismus** im ägyptischen Leben berücksichtigen (Shaw, S. 144, spricht gar von einer „Dualismuswut" und Hornung, 2011, S. 256, beschreibt ein „Denken in Zweiheiten"). Zu jedem Aspekt gab es einen Gegenaspekt – wie es schon bei den zwei Zeiten zu bemerken war. Beides zusammen war die Vollendung. Zum Leben gehört der Tod, zum Tag die Nacht, zum Recht (symbolisiert durch den Gott Horus) gehört die Gewalt (Gott Seth), es gibt Ober- und Unterägypten, es gibt den schrecklichen Aspekt einer Gottheit (Göttin Sachmet) und den gnädigen (Göttin Bastet), es gibt die beiden Formen der Seele, den *Ka*, der nach dem Tod bei der menschlichen Hülle verbleibt, und den *Ba*, der durch die Finsternis fliegt und zurück zum Körper finden muss, es gibt die *Ma'at* als Ausdruck für Gerechtigkeit und Wahrhaftigkeit und ihren Gegenpol, die *Isfet*, die Sünde, Lüge, Krieg oder Gewalt symbolisiert. Ma'at war als personifizierte Göttin die Tochter des Sonnengottes Re. Es war Aufgabe nicht nur des Pharao, sondern des ganzen Volkes, die Ma'at zu verwirklichen. Sie war die erste kodierte Form einer Gesellschaftsordnung, in der der Schwache nicht schutzlos dem Starken ausgeliefert war. Nach dem Tode und einem langen Marsch durch die *duat*, eine gefährliche, dunkle Einöde, wurde von einem Gottesgericht unter der Leitung von Osiris überprüft, ob man geholfen habe, die Ma'at zu verwirklichen. Dazu gab es im 125. Buch des Totenbuchs ein *negatives Sündenbekenntnis* mit sehr vielen Zeilen. Es wurde im Gegensatz zum christlichen Sündenbekenntnis, das oft eine Aufzählung begangener oder auch nur gedachter Sünden ist, das berichtet, was *nicht* getan wurde. Diese Aufzählung war ein Bekenntnis eines rechtschaffenden Lebens:

Nicht habe ich bewirkt das Leiden der Menschen,
noch meinen Verwandten Zwang und Gewalt angetan.
Nicht habe ich das Unrecht an die Stelle des Rechts gesetzt,
noch Verkehr gepflegt mit den Bösen.
Ich habe kein Verbrechen begangen,
ließ nicht die anderen sich abmühen über Gebühr…

(Kolpaktchy, S. 189 f). Es folgt eine lange Aufzählung all dessen, was der Ma'at zuwider laufen könnte und was der Tote bekundet, nicht begangen zu haben. Es gibt aus einem anderen Papyrus noch ein „Negatives Glaubensbekenntnis II", das deutlich umfangreicher ist und in einem Dialog mit „O du, geistig Wesen" ein Erhören erbittet.

Diese Angaben wurden im Totengericht überprüft und dabei das Herz gewogen: Es durfte nicht schwerer sein als Ma'ats Symbol, die Feder. Sank die Waage zuungunsten des Toten, so stand sofort die dauerhungrige

„Fresserin" bereit, den Toten zu verschlingen und damit auszulöschen. Der König und die Königsfamilie wurden später von dieser Prüfung befreit, sie galten per se als Schützer der Ma'at, gegen die sie nicht verstoßen konnten.

Dieser Dualismus fand Niederschlag in der Grammatik: Es gab Singular, Dual und Plural, wobei der Dual als Paar geführt wurde, z.B. beim Wort ‚Gong' oder bei Seths Symbol, den Hoden. Oder *senet* ist die Schwester, *senet* im Dual sind die *beiden Schwestern*: Isis und Nephthys. Er führte dazu, dass der eigentliche Plural

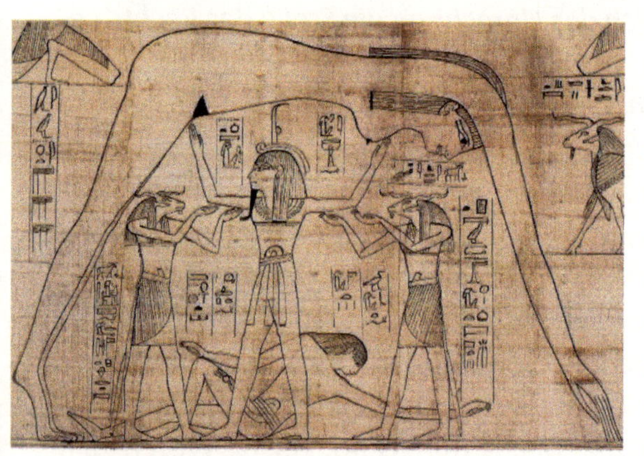

im Ägyptischen erst bei der Zahl drei beginnt. Das schriftliche Pluralzeichen waren **drei** parallele Striche unter oder neben dem zu bezeichnenden Wort. Der „Plural des Plurals" ist demnach neun. Und deswegen kann „die Neunheit" der Götter wie meist sowohl die Ursprungsgötter Atum, der sich selbst erschaffen hat, seine Kinder Schu (Luft) und Tefnut (Feuer) sowie in der Folgegeneration Geb

(Erde) und Nut (Himmel, Abb. 1, S. 14), die sich wie ein Gewölbe über den auf dem Boden Geb spannt, sowie zuletzt deren Kinder Osiris (Ordnung), Seth (Chaos), Isis (Jenseits) und Nephthys (Ruhe) bedeuten, oder als auch schlicht als Plural des Plurals: Alle oder zumindest sehr viele Götter.

Die Religion ist eine sehr wichtige Klammer im Zusammenleben der Menschen. Über 3.000 Jahre wurden die gleichen Götter verehrt, auch wenn sie unterschiedliche lokale Schwerpunkte und Glaubenspraktiken hatten. Natürlich verändern sich periphere Glaubensinhalte, wenn sie auch zentral unberührt bleiben. Aus dem besitzlosen Wanderprediger Jesus, der in seinen namensgebenden Latschen im staubgepuderten Kleid lächelnd und voller Liebe durch die Gegend zog, wurde der in Kirchen unvorstellbaren Reichtums und eigener Justiz mit goldenem Ornat und aus pompösen Rahmen streng und tadelnd auf die Gläubigen blickende Παντοκρατωρ, der Allesherrscher, der sich anschickte, Andersgläubige zu toten, wie Papst Urban II es glaubte gefühlt zu haben: *Deo lo vult*! Gott will es! Gott will es, dass ihr Andersgläubige tötet! So hetzte er zum 1. Kreuzzug. Verglichen mit der biblischen Gestalt bleibt da kaum noch Ähnlichkeit. Der kanadische Philosoph Charles Taylor fragt deshalb gleich nach der Einleitung in seinem wuchtigen Buch ‚Ein säkulares Zeitalter‘: „Eine mögliche Formulierung der Frage, die ich hier beantworten möchte, lautet wie folgt: Warum war es in unserer abendländischen Gesellschaft beispielsweise im Jahre 1500 praktisch unmöglich, nicht an Gott zu glauben, während es im Jahre 2000 vielen von uns nicht nur leichtfällt, sondern geradezu unumgänglich vorkommt?" Diese Entwicklung hinterfragt Taylor auf den folgenden 1.200 Seiten für einen Zeitraum von 500 Jahren – wie viel berechtigter ist diese Frage für eine zeitliche Distanz von 3.000 Jahren?

Die Konstanz der ägyptischen Religion ist unter diesem Gesichtspunkt bemerkenswert. Sie war immer ein ganz wichtiger Aspekt gesellschaftlicher Kultur und Herrschaft. Wichtige Regierungsämter waren verquickt mit religiösen Ämtern (etwas, was im christlichen Abendland ja an der Tagesordnung war und ist), wir werden sehen, dass gerade Hatschepsut nicht unfindig darin war, den Glauben und die Regierungsgewalt zu verbinden. Aus zeitlicher Distanz dürfen wir auch nicht arrogant sein und den ägyptischen Glauben als Mummenschanz abtun (wie es schon in vielen Schriften die antiken Griechen und Römer getan hatten). Ganz sicher war eine tiefe Frömmigkeit in den Gebeten und Hymnen zu erkennen.

Deswegen ein ganz kurzer Abstecher zu der vielfältigen Götterwelt Ägyptens[3].

---

[3] Auch hier sei mir erlaubt, nicht bei jedem Gedanken auf die Quelle zu verweisen, zusammengefasst habe ich von Assmann

Der Entstehungsmythos ähnelt der dem der Bibel. Anfänglich war die Welt vor der Schöpfung eine dunkle, wasserähnliche Masse. Träge und reglos lag sie da. Die Elemente waren noch ungetrennt, es gab keinen Himmel, keine Erde, kein Leben, keinen Tod. Aus dieser amorphen Masse, dem eigentlich grenzenlosen Gewässer, verwoben sich einzelne Strukturen als untrennbare Paare – der ägyptische Dual. Es entwickelten sich vier Paare aus Mann und Frau, die gemeinsam und gleichberechtigt begannen, den Kosmos zu gestalten: Nun und Nauhet das uferlose Wasser, Kuk und Kauket die Dunkelheit, Huh und Hauhet die Unendlichkeit, Amun und Amunet die Luft oder das Verborgene. Besonders verehrt wurde diese „Achtheit" von Urgöttern in Chemenu, der Stadt des Gottes Thot (griech. Hermopolis = Stadt des Hermes, weil nach Sicht der Griechen Thot und Hermes wesensgleich waren). Der ägyptische Dualismus gestaltete sich also früh als ein optimistischer und fast „emanzipierter" Glaube, in dem Mann und Frau gemeinsam die Welt erschaffen hatten, auch wenn sie originär als Frösche und Schlangen in der Ursuppe entstanden waren. Gerade das Wissen darum ist für das Verständnis der späteren Entwicklung um Hatschepsut wichtig: Das Weibliche und das Männliche waren gleichermaßen und

---

(2018), Hodel-Hoenes, Hornung (2011) und Shaw am meisten profitiert.

gemeinsam an der Schaffung der Welt beteiligt. Das Prinzip des Dualismus schloss eben ein Geschlecht nicht aus.

Nicht streng logisch, auch mit lokalen Schwerpunkten unterschiedlich betont, entstanden in diesem Chaos der Urhügel und durch Selbstzeugung auf ihm Atum, der erste Gott. Durch Masturbation[4] und Schlucken des Samens wurden die ersten beiden Folge-Götter gezeugt, die die Luft (Schu) und das Feuer (Tefnet) entwickelten. Die darauf folgenden Generationen bildeten dann „die Neunheit". Nach dem Glauben der Ägypter gehören Leben und Namen untrennbar zusammen. Manche Namen lassen sich gut erkennen, bei Atum wird es schwerer. Das Verb *tem*, dessen Partizip Bestandteil des Namens ist, kann Gegenteiliges bedeuten: sowohl „vollständig ´machen" als auch „nicht sein". Diese gegenteiligen Bedeutungen kennen wir aus dem Lateinischen, wo *rivus* sowohl Fluss als auch Ufer und *altus* sowohl hoch als auch tief heißen kann – es kommt immer auf die Sichtweise an. Und daher ist der *rivus altus* oder venezianisiert über *rio alto* zu *rialto* auch entweder das hohe Ufer oder der tiefe Fluss, je nachdem von wo aus wir schauen. Atum ist also das Alles und gleichzeitig das Nichts. Assmann (2003, S. 47 f) spricht von Atum als der Gesamtheit der

---

[4] Im Gegensatz zu den Europäern bis in die Neuzeit wussten die alten Ägypter schon vor 6.000 Jahren um die Funktion des männlichen Samens.

18

Götter, der Gesamtheit des Seienden und dem Zustand des Noch-nicht- und Nicht-mehr-Seienden.

Stress gab es noch zwischen Horus und Seth. Und hier spielen sowohl religiöse Aspekte als auch der Gründungsmythos des vereinten Ägyptens hinein. Einen achtzigjährigen, durch die Götter geführten Prozess und die davor noch länger anhaltenden Querelen zusammenfassend: Seth hatte seinen Bruder Osiris umgebracht. Osiris Schwester und Frau Isis setzte den verstreuten Leichnam wieder zusammen, aber statt des Penis, den ein Krokodil verschlungen hatte, modulierte sie einen Ersatz aus Lehm. Der ist in der Regel aber ein schwellungsarmer Stoff, deshalb wird Osiris in vielen Darstellung auch durch tönernen Beistand bewirkt *ithyphallisch*[5] dargestellt. Postum konnte er aber dennoch seine Frau damit schwängern (wobei Isis auch hier die Aktive war. Auf Bildern wird das Geschehen mit zwei Perspektiven geschildert: Auf manchen Darstellungen sitzt oder schwebt die flügelbewehrte Isis auf Osiris, auf anderen fellationiert sie ihn so wie seinerzeit auch Atum seinen eigenen Samen geschluckt hatte und dadurch seine Nachkommen hervorbrachte. Aber: Die Frau war die Aktive). Aus dieser Verbindung wuchs Horus heran. Der wollte nun den Thron seines Vaters einnehmen, den Seth besetzt hielt. In diesem achtzig Jahre langen Prozess mit vielen

---

[5] Verständlicher: Mit erigiertem Penis, also ... Phallus

eingestreuten Duellen, in denen Horus sein Auge und Seth seine Hoden verloren (sie waren die Symbole der Kombattanten: das scharfe Erkennen und die testikulär dargestellte Kraft), wurden beide zu Herrschern über Ägypten eingesetzt: Seth wurde König Ober-, Horus Herrscher Unterägyptens. Allerdings hob Chefrichter Geb in einer zweiten Instanz dieses Urteil auf und ernannte Horus zum alleinigen König. Aber statt dass Seth nun hingerichtet wurde (er war damit ja schuldig gesprochen), bekam er die ehrenvolle Aufgabe, nachts die Sonnenbarke zu begleiten und vor der Chaosschlange Apophis zu schützen. Auch hier der ägyptische Dualismus: Der Gewaltgott ist gleichzeitig ein schützender Gott.

Es handelte sich bei der Zusammenführung der „beiden Länder" also nicht um eine aufgrund von Gewalt, sondern dieser Zusammenschluss war rechtlich begründet.

So der richtig feine Kerl scheint Seth nun aber doch nicht gewesen zu sein. Mehrmals solle er Isis vergewaltigt haben, dabei auch einmal ein später totgeborenes Kind gezeugt haben. Einmal aber habe sich Isis vergleichsweise geschickt gegen die Vergewaltigung zu wehren gewusst, indem sie mit ihrer Scheidenmuskulatur seinen Penis umklammert habe, so dass Seth ihn nicht mehr herausziehen konnte – Respekt vor diesem Musculus bulbospongiosus. Ob damit die Vergewaltigung beendet war, bleibt unerwähnt. Allerdings

20

musste auch Seth Kränkungen einstecken: Seine eigene Schwester-Gemahlin, Nephthys, sei (wohl nicht nur) einmal mit Osiris, der so eine Art Womanizer unter den Göttern war, fremdgegangen. Die beiden Schwestern Isis und Nephthys seien sich sehr ähnlich gewesen, so dass sich Osiris bei der Begattung der Partnerin möglicherweise auch nur versehen habe könnte – verständlich, wer kennt es nicht: das passiert doch wirklich mal jedem von uns. Unabhängig davon: Aus dieser Verbindung entstand Anubis, der hundeköpfige Todesgott, der seinen Eltern beim Totengericht helfend zur Seite steht. Nephyths muss überhaupt mehr Zuneigung zu ihrem Schwager-Bruder gehabt haben, denn auch bei diesem Totengericht steht sie in der

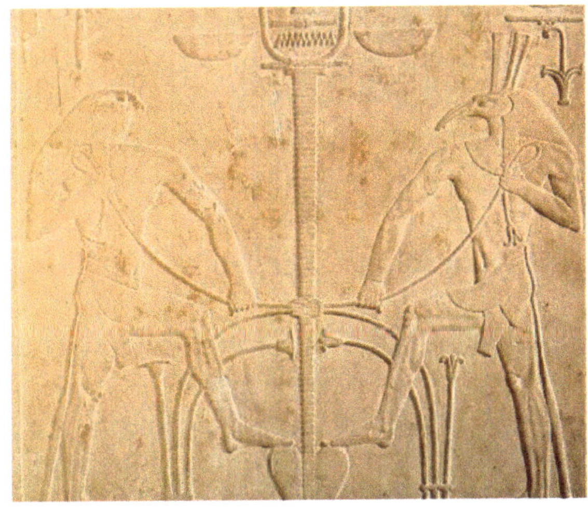

Regel mit Isis hinter Osiris.

Wie diese Familiengeschichten nun auch ausgegangen sein mögen: Der Streit zwischen den beiden Brüdern

und dessen einem Sohn ging als Rechtsstreit ohne weiteren Kampf aus. Die Vereinigung von Ober- und Unterägypten fand so ihre mythische Grundlage. Bildlich wurde die Vereinigung der beiden Länder dadurch dargestellt (Abb. 2, oben), dass Horus und Seth gemeinsam Wasserpflanzen verschnürten: Lotus als Signum für Ober-, Papyrus als Zeichen für Unterägypten.

Und Seth war gemeinsam mit Horus staatstragender Gott: Sie versinnbildlichten zusammen Ober- und Unterägypten. Deswegen war ein Titel der Königin: „Die, die Horus und Seth schaut". Gemeint war damit: die bei dem König der beiden Länder ist.

Seth wurde also nicht nur negativ konnotiert. Es gab in der 19., der auf Hatschepsut folgenden Dynastie, zwei Pharaonen namens Seth, der Begründer der 20. Dynastie, wahrscheinlich ein Usurpator, hieß mit Geburtsnamen Sethnacht: Seth ist siegreich. Wäre ja nicht völlig unpassend.

Ursprünglich hatten die Götter über die Welt (und die ist hier gleichzusetzen mit Ägypten) geherrscht. Irgendwann aber hätten sie sich zurückgezogen und an ihrer Stelle einen Vertreter benannt: den König. Hieraus resultiert der Glaube an die Göttlichkeit des Königs. Formal, und dieses Problem hatte Hatschepsut später anzugehen, war gar nicht vorgesehen, dass es nur ein Mann zu sein hatte, gerade die ägyptischen

Göttinnen wie Isis, Nephthys, Selket oder Hathor waren sehr mächtige Göttinnen. Nur: Der König galt als „Sohn des Re". Eine Frau als Sohn zu bezeichnen, musste zu geistigen Anstrengungen führen. Die Königin Nofrusobek (1785 – 1781) nannte sich noch „Sohn des Re", während Tauret (oder Tawosret), die Witwe Seth II (sie regierte mit ihrem sehr früh verstorbenen Stiefsohn Siptah von 1196 – 1190, allein dann weiter bis 1188), sich „Tochter des Re, Dame von Ta-merit, Tausret, von Mut auserwählt" nannte (Tyldesley, S. 163).

Die Religion war die maßgebliche Erzählung, die das Land für über 3.000 Jahre zusammenhielt. Auch wenn es im Bereich der Götter lokale Unterschiede gegeben hat (überhaupt schien es so, dass die Macht der Götter meist auf ihren Hauptverehrungsort beschränkt blieb und man sich auf Reisen besser von Ort zu Ort anderem göttlichen Schutz unterstellte), so galt der Glaube über diese lange Zeit der gesamten Götterwelt – mit Ausnahme der kurzen Zeit des Amenhotep IV, der von 1351 bis 1335 regierte und besser als Echnaton bekannt ist. Er unterstellte sein gesamtes Reich dem Glauben an den einen, den Sonnengott Aton. Dies war nicht nur eine Revolution hinsichtlich der Götterwelt, die er mit teilweise uns überzogen erscheinenden Maßnahmen verfolgte (er ließ die Obelisken erklettern, um die Endplatte, die oft das Zeichen Amuns trug, von der Spitze abzulösen), dies war auch eine Revolution des Inhalts: Das erste Mal wurden Gott und Liebe gleich gestellt. Der traditionellen Götterwelt war dieser Begriff fremd: Die Götter liebten die Menschen nicht und umgekehrt näherten sich die Menschen nicht den Göttern in Liebe, sondern mit „Schauer" und „Ehrfurcht" (Hornung, 2011, S. 209). Hingegen war Echnatons Aton der Ausdruck göttlicher Liebe, „nämlich der Liebe zu allen Geschöpfen der Erde" (Schlögel, 2006, S. 228). Allerdings geschah dies erst nach einer gewissen Erfahrungsstrecke. Anfänglich hatte Aton nur seinen ersten Propheten Echnaton im Sinn, er vermittelte seine Liebe nur über ihn. Nach der kurzen Regierungszeit allerdings verschwand der Glaube an den einen Gott schnell. Sein Schwiegersohn und Nach-Nachfolger Tutanchaton nannte sich bald um in Tutanchamun und nach einem Toleranzedikt, in dem beide Systeme von Gottheiten verehrt wurden, kam es spätestens unter Haremhab, dem letzten Pharao der 18. Dynastie, zu einer vollständigen Restitution. Der ägyptische Literaturnobelpreisträger Nagib Machfus hat in seinem Roman „Echnaton" die Suche nach Wahrheit dargestellt. Der Protagonist Merimun sucht kurz nach dem Tod Echnatons in Gesprächen mit Zeitzeugen das Wirkliche. „Heftig wie der Nordwind hat mich der heilige Wunsch gepackt, die Wahrheit herauszufinden und sie festzuhalten, so wie du es in jungen Jahren getan hast, Vater."

So wie in unserem Glauben die Furcht vor dem Fegefeuer real war, so real war auch die Angst der Ägypter, beim Übergang in die andere Welt in eine verkehrte zu gelangen, auf den Kopf gestellt zu sein und „Kot essen zu müssen". Um dieser verkehrten Welt zu entgehen, muss sich der Verstorbene einem Prüfungsgespräch unterziehen, in dem sein Wissen über kultische Angelegenheiten hinterfragt wurde. Als Rüstzeug für dieses Examen gab es einen Fundus von „Abscheu-Sprüchen", die der Verstorbene auf seinem Weg mitnehmen konnte (Topmann). Liebe fand hier keine Berücksichtigung, aber das gute, gerechte, der Ma'at folgende Leben.

Die Geschichte Alt-Ägyptens gliedert sich traditionsgemäß in drei Reiche (Altes, Mittleres und Neues R.) mit chaotischen, zumindest turbulenten Übergangszeiten. In jedem dieser Reiche gab es Herrscher-Dynastien, die nicht immer einen familiären Zusammenhalt beschrieben. Die 18. Dynastie (1540 bis 1292), mit der das Neue Reich beginnt, zum Beispiel umfasste völlig verschiedene dynastische Familien um Ah-mose, Thutmosis I, Hatschepsut, Thutmosis III, der die größte Ausdehnung Ägyptens im Laufe seiner Geschichte erreichte, Echnaton und dessen Nach-Nachfolger Tutanchamun.
Die Klammer von allem waren Religion, Schrift und Kultur.

Das Privatleben der Ägypter ist natürlich unbekannter als das offizielle. Waren Tempel, Gedenkstelen und Paläste aus überdauerndem Stein errichtet, so waren die Privathäuser meist aus vergänglichem Material. Und auch die in Stein gemeißelten oder in verschlossenen Gräbern hinterlassenen Schriften sind besser erhalten als die wunderschönen Liebesgedichte und spannenden Sagen.

Dennoch sind wir reich an Wissen über das kulturelle Leben der Ägypter. Ganz falsch wäre es, uns altägyptisches Leben als freudlos-grau und ewig mit dem Gedanken an den Tod vorzustellen. Ägyptisches Leben war keine freud- und lieblose Pflichtveranstaltung bis zum Tod. Hier wurde gelacht, gescherzt und geliebt. Auch stand der Tod nicht drohend vor den anderen, sondern wie es die Übersetzung des Titels des ägyptischen Totenbuchs nahelegt, war der Tod eine Fortsetzung des Lebens: „Hinausgang ins Tageslicht". Der Verstorbene war eben nicht tot. Er war nur tot, wenn sein Abbild nicht mehr identifizierbar war. Dem Zeitverständnis der Neheh nach ging es woanders weiter.

Bilder zeigen tanzende Männer und Frauen, Musik, Schmuck, die Geschlechter gingen offen miteinander um. Zeremoniell mag das Leben unnachgiebiger geschildert sein, mit strenger, „ehrfürchtiger" und „erschauernder" Haltung. Im Privatleben sah es anders aus.

Die neurotische Prüderie des Christentums wäre den Alt-Ägyptern sehr fremd vorgekommen. In den Liebes-gedichten sagte man schon, was man wollte:

Ich lasse dich meine Schönheit sehen
Im Gewand vom besten Königsleinen,
das mit Balsam getränkt
und mit Öl genetzt ist …
Du, mein Mann, Geliebter,
komm, und schau (Buegg, S. 35)

Und auch sehr konkret:
Warum nimmst du mich nicht und umarmst mich
  Um mir aufs Neue Lust zu bereiten?
Komm und streichle mich – da: innen am Schenkel
  Dann wird meine Lust auch zur deinen.
Willst du jetzt aufstehen, weil du ans Essen denkst?
  Bist du etwa der Sklave deines Magens?
Willst du jetzt wirklich aufstehen und dich anziehen,
  wo ich dir mein Laken aufschlage?
Willst du jetzt aufstehen und Bier trinken gehen
  Wo ich dir meine Brüste darbiete?
Sie geben dir was du brauchst: Ein Tag in meinem Bett
  Macht reicher als zehntausend Felder (Schrott, S. 10)

Im Gegensatz zu den bildlichen Darstellungen waren die textlichen schon von wünschenswerter oder zu-mindest deutlicher Klarheit. Diese Gedichte waren si-cherlich nicht für die Totenwelt bestimmt. Und sie zeigen auch deutlich die gleichberechtigte Stellung der Frau im Alten Ägypten:

Warum sprichst du mit deinem Herzen:
‚Nach ihr gelüstet mich, sie zu umarmen‘?
Bei Amun, ich komme zu dir,
mein Kleid auf meinem Arm. (Schoske/Wildung, S. 138).

Diese Offenheit mag auch der Grund dafür sein, dass es lediglich ein einziges bekanntes pornographisches altägyptisches Dokument gibt: Der erotische Papyrus, offensichtlich von einem privaten Liebhaber bestellt und heute arg fragmentiert, so dass Nachzeichnungen

den Gedanken des Künstlers ausdrücken müssen, kann heute für € 1.000 bis 3.000 als Faksimile des im Museo Egizio di Torino gelagerten Originals nach eigenen Einbandwünschen bestellt werden. Im Gegensatz zu den

traditionellen erotischen Darstellungen auf griechischen Vasen oder als römische Mosaiken lebten die
Ägypter ganz offensichtlich lieber als zu schauen.
Wunderschöne Bilder wie die Tänzerin in Abb. 3, S. 28
(die auch das Titelbild der von Raoul Schrott übertra-
genen Liebesgedichte „Die Blüte des nackten Körpers"
ist) oder die sich ausruhende Musikerin (Abb. 4), die genauso wunderschöne junge Frauen zeigen, haben nichts Anstößiges. Gerade das Motiv der

Tänzerin (eine nach hinten überstreckte junge, fast
nackte Frau) wurde sehr häufig dargestellt, auch auf
der Nordfassade in Hatschepsuts Roter Kapelle in Karnak tanzen mindestens sechs Frauen so. Es war zudem
im Alten Ägypten üblich, die weibliche Brust unbe-
deckt zu lassen oder aber fast durchsichtiges, „königli-
ches" feines Tuch zu tragen. Bilder dieses Genres,

Bilder, die das Privatleben und oder Nicht-Religiöse zeigten, waren in der Regel nicht „offiziell", sie waren auf einem Kalkstein, Ostrakon, gemalte Übungen von Schülern der Malerei, Probestücke sozusagen. Dennoch haben gerade diese Stücke in den Katalogen des Kunsthandels immer einen großen Stellenwert. Ich gebe zu, mich von einem und anderen Bild dort auch überzeugt gelassen zu haben.

Kulturell war Ägypten ein fruchtbares Land. Es gab schon früh ansehnliche Romane und sehr viele Gedichte. Sinuhe ist ein umfangreicher und bunter Roman. Sehr knapp zusammengefasst: Nach dem Tod des Pharao Amenemhet I befürchtet der gerade im Ausland mit dem Kronprinzen Sesostris kämpfende Sinuhe Unruhen und flieht. Er gewinnt als Soldat nicht nur ein Vermögen, sondern auch die Tochter eines syrischen Fürsten. Nach Jahren kommt dem mittlerweile Pharao Sesostris I das Glück Sinuhes zu Gehör und er lädt ihn ein, wieder nach Hause zu kommen, um auch auf ägyptischem Boden beerdigt zu werden. Trotz seiner Angst, wegen seiner Flucht ungnädig aufgenommen zu werden, ist sein Heimweh stärker und er fährt nach Hause an den Hof Sesostris. Dort wird er nach einigen Heiterkeitsausbrüchen wegen seiner „asiatischen" Kleidung und folgender Ohnmacht doch in Ehren aufgenommen und später auch reich beschenkt. In der Heimat wird er schließlich beerdigt. Die Neheh schließt sich. Der Roman ist eine Metapher für die Sehnsucht der Ägypter, zu Hause weiterzuleben, auch nach dem Tod.

Der Finne Mika Waltari hat 1945 einen Roman „Sinuhe der Ägypter" veröffentlicht, der auch als klassischer „Sandalenfilm" opulent verfilmt wurde[6]. Als Sextaner habe ich den alten Roman aus dem Bücherschrank meines Vaters erstmals gelesen und mich jetzt gewundert über den Umfang der Neu-Ausgabe (über 1.100 Seiten): Die deutsche Ausgabe von 1960 war nur halb so ausgedehnt, offensichtlich glaubte man damals, dem Durchschnittsleser nicht sehr viel mehr zumuten zu können. Der umfangreichste Papyrus mit dem Original-Sinuhe liegt heute im Ägyptischen Museum Berlin.

Musik und Tanz gehörten ganz erkennbar zum Alltagsleben oder zumindest zu den Festen. Die Kleidung kontrastierte merkwürdig die Sorgfalt, mit der sonst Schmuck oder Kosmetik getragen wurde. Im Prinzip gab es zwei Sorten von Kleidung während der gesamten Dauer des Ägyptischen Reiches: Den Offizial-Lendenschurz aus gestärktem Gewebe für Männer und

---

[6] Waltari hat die dichterische Freiheit ernst genommen: In seinem Roman war Sinuhe kein Soldat, sondern Arzt, er lebte nicht in Palästina, sondern blieb meist in Ägypten, er wirkte nicht zurzeit Sesostris (1974 – 1929), sondern 600 Jahre später zur Zeit Echnatons. Und sein Hauptmovens war nicht die Heimatliebe, sondern die zu einer Frau. Aber der Name stimmt. Immerhin.

weiße, lange, fast durchsichtige Gewänder für Frauen.

Wie oft hatte sich dagegen im Abendland die Mode geändert? Bei den Frauen hatte sich die Kleidung auch nur wenig geändert: Gab es im Alten und Mittleren Reich das beengende, wenig Bewegungsspielraum zulassende Etuikleid, so wurden die Kleider im Neuen Reich bereits einer ausschreitenden Bewegung angepasst.

Die Bildhauerei liefert uns noch heute die wichtigsten Erkenntnisse über ägyptische Vorstellungen. Uns erscheint sie merkwürdig naiv, Menschen darzustellen in einer Sichtweise, die nicht möglich ist: Schultern, Rumpf und dann noch einmal die Beine anatomisch unmöglich abgebildet. Das hängt aber mit der ägyptischen Anschauung zusammen, einen Menschen mit den wichtigsten Teilen sichtbar darzustellen. Dreidimensional gibt es ganz andere Bilder, z.B. die

Holzskulptur dieser wunderschönen jungen Frau aus etwa der 5. Dynastie (2.500 v. Chr.). Diese Arbeit lässt uns sprachlos vor der dargestellten Schönheit von vor 4.500 Jahren zurück (Abb. 5, S. 32).
Eine kurze Zeit der Ausnahme gab es während der Zeit Echnatons. Die Bilder und Arbeiten wurden dort möglichst natürlich und realistisch dargestellt. So oft wie dort wurde auch niemals mehr die königliche Familie abgebildet. Kaum jemals wurden derartige Bilder und Skulpturen eines liebevollen Umgangs gezeigt: Echnaton, wie er zärtlich seine kleine Tochter umarmt und küsst. Die Bilder waren so realistisch, dass man durch sie Echnatons Erkrankung zu erkennen glaubt: Offensichtlich litt er an der Fröhlichschen Erkrankung oder dem Lawrence-Moon-Biedl-Bardet-Syndrom. Beides sind Genmutationen, die von einer Fettsucht besonders der Oberschenkel geprägt sind. Das wäre eigentlich völlig egal, aber: Diese Erkrankungen gehen mit einem Hypogonadismus und Unfruchtbarkeit einher. Dann dürfte man sich fragen: Wem hat Nefertiti (Nofrete) ihre sechs Kinder geschenkt?

Bedenken wir, dass in der Antike Sport und Spiel in der Regel einen kultischen Grund hatten (wie z.B. die olympischen Spiele oder das Pendant in Korinth), so suchen wir auch in Ägypten nicht vergeblich nach sportlicher Betätigung. Neben Volkssport, zu dem Ringen, Boxen, Stockfechten oder bereits Ballspiele mit

gestopften Vollbällen und Lederüberzug gehörten, sie
sahen so aus wie Schlagbälle, hatten die Könige eigene
Sportarten. Gerade die 18. Dynastie brachte mit dem
Nachfolger Hatschepsuts Thutmosis III und besonders
seinem Sohn Amenhotep II wahre Sportskanonen hervor. Amenhotep war ein Star unter den Bogenschüt-
zen (obwohl ein Pharao sich natürlich nicht mit anderen maß), der zur Erprobung hintereinander 300 Kom-
positbogen (!!) bespannte, den besten davon aus-
suchte und auf vier aus Kupfer bestehende Platten in
einer Vorbeifahrt so genau zielte, dass er die 3 Finger
dicke Scheibe durchschoss – klingt so ein wenig wie die
Vorlage zur Odyssee, in der zum Schluss nur Odysseus
alleine einen kräftigen Bogen spannen und durch die
Stiellöcher hintereinandergestellter Äxte schießen
kann. Das Bogenschießen muss königliche Disziplin gewesen sein, denn zu den Grabbeigaben Tutenchamuns
gehörten auch etwa drei Dutzend z.T. wundervoll ge-
schmückte Bogen. Ihm, dem so junge verstorbenen
Pharao, gehörte wohl auch der Rekord, was durch-
schossene Kupferscheiben anging (Decker, S. 66).
Zum Sport gehört im weitesten Sinne auch der royale
Lauf beim Sedfest, dem Thronbesteigungsjubiläums-
fest. Dieser Lauf hat einen durchaus archaischen Ursprung: Der alte Fürst musste seine Gesundheit und
Leistungskraft durch einen Test beweisen, damit er
nicht zum Schutze aller von einem Jüngeren verdrängt
würde. Zum 30-jährigen Jubiläum und dann alle drei

34

Jahre musste also der König einen Lauf unternehmen. Die dreißig Jahre bedeuteten eine Generation, was auch sinnvoll war. Dennoch wurde das Sedfest häufig früher gefeiert. Auch Hatschepsut unternahm diesen Lauf, wovon noch eine Abbildung in Karnak zeugt. Mit großen Schritten, nur mit Lendenschurz und den sicherlich nicht einfach zu balancierenden beiden Kronen bekleidet wie traditionell die Könige lief sie als Mann den Weg entlang. So richtig scheiterte aber kaum jemand, denn die zurückzulegende Laufbahn im Komplex der Totenanlage des Königs Djoser betrug etwa 140 Meter.

Die Frauen im Alten Ägypten hatten gegenüber denen im Römischen Reich oder Griechenland einen grundlegenden Unterschied: Sie galten rechtlich gleich. Sie konnten eigenes Vermögen erwerben, sei es durch Erbschaft oder eigene Arbeit, in der Regel gab es Eheverträge, die eine Absicherung nach einer Trennung regelten. Robins (S.70) zitiert ausführlich aus einer Akte, dass ein Mann sich verpflichtete, bei einer Trennung, „sei es, dass ich dich hasse, sei es, dass ich eine andere Ehefrau statt deiner will", eine bestimmte Summe zusätzlich zu den mit in die Ehe gebrachten Vermögenswerte auszuhändigen. Zwar war die ägyptische Familie monogam ausgerichtet, nur der Pharao hatte eine Sonderstellung seinem Titel „Starker Stier" entsprechend, aber eine rechtliche Ehe-Situation wie wir sie kennen gab es auch nicht: Es ist keine religiöse oder zumindest rechtlich bindende Regelung bekannt, die eine Ehe begründete. So konnte es durchaus von beiden Geschlechtern Serien-Monogamien geben. Nach Robins (S. 67) scheint der Beischlaf gemeinsam mit dem Umzug der Frau in einen anderen Haushalt begründend für eine Partnerschaft gewesen zu sein, die dann für daraus entsprungene Kinder hinsichtlich einer Erbschaft auch justitiabel gewesen war. Wenn zwei zusammen lebten, galten sie rechtlich als Paar, keine Diskussion vor Gericht. Trennungen waren vermutlich einfacher, zumal dann, wenn die Verbindung kinderlos blieb oder auch der Mann sich als rücksichtsloser Fremdgänger entpuppte. Ehebruch galt für beide Geschlechter als ein moralisches Vergehen. Die Dokumente lassen die Vermutung begründet erscheinen, dass Liebeshochzeiten sehr häufig gewesen sein mögen, in manchen Zeiten sogar die Regel. Denken wir an die vielen dynastischen Zwangsehen und wie gerade der als so brillant dargestellte Kaiser Augustus seine eigene Tochter ausnehmend oft mit Zukunftsträgern verheiratet hatte, so tut uns diese arme Frau noch heute leid. Gerade in der 18. Dynastie heirateten die Pharaonen „bürgerliche" Frauen.

Eigene berufliche Tätigkeiten waren Frauen zwar nicht grundsätzlich verwehrt, wurden aber doch selten ausgeübt. Meist arbeiteten Frauen zu Hause, webten und verkauften überschüssige, im Haus nicht benötigte

Ware zu einem teilweise hohen Preis, der das Einkommen des Mannes häufig deutlich überstieg. Robins (S. 121) zitiert aus Gerichtsakten, aus denen hervorgeht, dass während der 20. Dynastie die Frau eines Grabräubers verhört wurde, woher sie so viel Geld habe, um Sklaven zu kaufen: „Ich kaufte sie im Tausch gegen Erzeugnisse meines Gartens." Es muss das Gericht überzeugt haben.

Auch James (S. 285 f) berichtet ähnliches. Er schildert den Kauf eines syrischen Sklavenmädchens durch eine verheiratete Frau, die völlig selbstständig Kaufpreis und Konditionen aushandelte. James zitiert die Akten, die eine lange Liste von Gütern (es gab in Ägypten noch kein Geld im heutigen Sinne, demzufolge auch keine regulierten Preise) ergeben. Zumal die Webereien hat diese Frau selbst erstellt, so dass zweierlei aus dem Geschäft hervorgeht: Es war üblich, dass auch 1. verheiratete Frauen mit 2. selbstverdientem Geld Geschäfte tätigten (auch wenn uns Heutigen das Schicksal der kleinen Gemniherimentet, dem gekauften Mädchen, doch nahe geht).

Verdeutlichen wir uns dann die Situation der Frauen 1.500 Jahre später in Griechenland oder 2.000 Jahre später in Rom, wo Frauen im Prinzip rechtlos waren, ja ein männlicher Vormund auch für erwachsene Frauen wie Witwen das Sorgerecht hatte. Ganz verzweifelt war die Situation der griechischen Ehefrauen, die noch nicht einmal ihr Haus verlassen durften. Diese Frauen hatten nur eine einzige Waffe: Sich sexuell zu verweigern. Und das nur in Gemeinschaft. So versammelten Lysistrata in Athen und Lampito in Sparta die Frauen, um sich gemeinsam den Ehemännern zu verweigern, solange sie Krieg führten. Aristophanes hatte diesen Stoff im 20. Jahr des Peleponnesischen Krieges geschrieben[7]. Dieses war die einzige Möglichkeit, sich Gehör zu verschaffen.

Die Situation der ägyptischen Frau ist nicht mit unserer zu vergleichen, war aber dennoch völlig anders im Vergleich zu den Gepflogenheiten der umliegenden Kulturen.

Die Stellung der Frau war also grundsätzlich die eines gleichberechtigten Mitglieds der Gesellschaft. Bestimmte Positionen waren ihr nicht kodiert verwehrt, sondern eher durch Tradition.

Frauen hatten wichtige rituelle Aufgaben in der Gottesverehrung, mit der „Gottesgemahlin des Amun" als Oberpriesterin des Staatsgottes formell nach dem Pharao die zweitwichtigste Stellung. Dieser Titel wurde erst im Neuen Reich eingesetzt, die Inhaberin Hatschepsut konnte mit Hilfe der ihr gewogenen Priesterschaft den Königssitz erklimmen, so dass nach ihrer Tochter vorübergehend der Posten unbesetzt blieb. Bis in die 25. Dynastie aber lebte er wieder auf, wurde

---

dann allerdings von Unverheirateten ausgeübt. Es musste ja auch sehr merkwürdig sein, wenn der oberste Gott der Götter hier unter Menschen ein Hahnrei gewesen sein sollte oder zumindest ein duldender Bigamist.

Etwa 1.200 Jahre gab es das Ägyptische Reich, die Vereinigung von Ober- und Unterägypten bis zum Beginn des Neuen Reichs. In dieser Zeit gab es langsame Änderungen. Es gab vor allem vor der 18. Dynastie eine Fremdherrschaft der Hyksos, der Fremdherrscher, über Ägypten. Die griechische Historiker Manetho, der die noch heute gültigen Aufteilungen in Dynastien begründete und während der Regierungszeit von Ptolemaios II (285 – 246) lebte, setzte als die Zeit der Hyksos-Herrschaft die 15. Und 16. Dynastie von 1650 bis 1550, die zweite Zwischenzeit. Die 17. Dynastie herrschte von 1650 bis 1550, deren letzter Pharao Kamose war. Er begann die kriegerische Vertreibung der Hyksos, starb aber früh. Mit Ah-mose begann die 18. Dynastie, die Ägypten nicht nur von der Fremdherrschaft befreite, sondern es auch zur größten territorialen Ausdehnung führte. Unter ihr gab es eine Königin: Hatschepsut.

Sie war nicht die erste Königin Ägyptens. Vor ihr gab es Regentinnen, die für ihre unmündigen Söhne die Herrschaft ausübten. Am längsten war in der 12.

Dynastie wie erwähnt Nofrusobek allein an der Macht, nämlich von 1785 bis 1781. Sie wurde sowohl in männlicher als auch in weibliche Kleidung dargestellt. Das klassische Bild, das seit König Namer über Dynastien aufgenommen wurde: Der König hält Feinde am Schopf und erschlägt sie mit einer Keule, zeigte Nofrusobek eindeutig als Frau. Mit „Feinden" waren hier aber durchaus nicht nur Menschen anderer Völker gemeint, sondern alles Lebensfeindliche wie wilde Tiere und auch Dürreperioden. Sie untermauerte ihren Herrscherinnenanspruch durch Bezugnahme auf ihren großen Vater Amenemhet II, der 48 Jahre regiert hatte (1842 – 1794). Zudem benutzte Nofrusobek gelegentlich und eher wohl ausnahmsweise bereits weibliche Titel als Königin. Allerdings regierte sie nur weniger als vier Jahre, so dass Bautätigkeiten kaum nachzuweisen waren (Tyldesley, S. 74 ff).

Keine der Königinnen aber war mit Hatschepsut vergleichbar.

Nun war sie allerdings nicht zufällig als Frau an die Macht gekommen. Sie war die Erbin einer Reihe sehr starker und einflussreicher Frauen, die entscheidend für die Zukunft Ägyptens in dieser Zeit waren.

Werfen wir einen Blick auf die Zeit zum Ende der 17. Dynastie, vielleicht 1570. Ägypten war zweigeteilt, im Norden im Bereich des Nildeltas regierten die Hyksos, ein Volk, dessen Ursprünge nicht bekannt sind.

Aktueller Herrscher war König Apophis. Ihre Hauptstadt war Auaris am östlichsten Arm des Nils.

Etwa 550 Kilometer in Luftlinie südlich in Theben regierte der König Oberägyptens, Sequenre Ta'o[8]. Und der erhielt von König Apophis eine Nachricht, er möge das Brüllen der Nilpferde unterbinden, denn das raube ihm den Schlaf. Es scheinen mächtige Tiere mit einem außerordentlich beeindruckenden Organ gewesen zu sein, deren Gebrüll man noch 550 km weit entfernt als schlafraubend empfunden hatte. Eindeutig also reine Provokation. Wie genau es weiter ging, ist durch Abbruch des Textes nicht überliefert. Offensichtlich aber wurde Sequenre Ta'o entführt oder in eine Falle gelockt und grausam getötet. Die Entschlüsselung der Wunden gibt an, dass es vier Männer gewesen sein müssen, die auf ihn eingehackt hatten. Seine Arme waren schutzsuchend vor das Gesicht gehalten. Dann wurde der König der Wüste überlassen und wohl erst später gefunden, zu einem Zeitpunkt, als der Fäulnisprozess schon eingesetzt hatte. Denn mit diesem Beginn der Fäulnis wurde Sequenre Ta'o mumifiziert.

Den Thron übernahm dann sein Halbbruder Kamose, der langsam in einem *rollback* wichtige Städte gewann und die Herrschaft der Hyksos zu zerstören begann. Wahrscheinlich starb er während einer Schlacht.

Mit ihm wurde die 17. Dynastie beendet. Der Nachfolger Ah-mose war erst zehn Jahre alt, als er den Thron übernahm. Für ihn hatten seine Großmutter Teti-Scheri und deren Tochter, seine Mutter Ah-hotep die Regentschaft übernommen. Ah-hotep war die Schwester-Gattin von Seqenre Ta'o. Was bisher sehr selten war: Ah-moses Eltern waren Vollgeschwister. Üblich war die Ehe zwischen Halbgeschwistern, aber die Familie der Ahmosiden schien Wert auf die wirkliche „Reinheit des Blutes" zu legen und verheiratete sich für vier Generationen auch vollgeschwisterlich.

Ah-hotep (etwa: Der Mond ist glücklich) war eine enorm starke Frau, die das im Zuge der Hyksos-Kriege verzweifelte Land sicher durch diese gefährlichen Zeiten führte. Ihr Sohn Ah-mose (etwa: Mondkind) hat später in einem Hymnus die Taten seiner Mutter gewürdigt. Ah-hotep bekam die höchste militärische Auszeichnung verliehen, die Ägypten kannte: Den Fliegenorden oder das Ehrengold. Er bestand aus einer Kette mit drei sehr großen, etwa neun Zentimeter ausmessenden Fliegen, die die Zähigkeit, dauernd weiter den Feind zu belästigen, bedeuteten. Es ist nicht bekannt, ob jemals eine andere Frau diesen Militärorden bekam, die Verleihung stellt aber die enorme Bewunderung für diese energische Frau dar.

Ah-hotep hatte eine mindestens ähnlich starke Frau zur Tochter. Aus der Ehe mit ihrem Bruder-Gatten Sequenre Ta'o ging Ah-mes Nefertari hervor. Sie trug sämtliche Titel, die einer Königin möglich waren. Sie bekleidete das Amt der „Gottesgemahlin des Amun" und führte zudem noch den Titel einer Priesterin „Gotteshand des Amun".

Die erste Schaffung eines Götterpaares wurde durch Masturbation ermöglicht. Hieran sollte dieser Titel erinnern. Gottesgemahlin und Gotteshand hatten also eine durchweg auch sexuelle Bedeutung. Der Gott sollte sexuell so erregt werden, dass die Schaffung der Welt weiterhin täglich ermöglicht werden konnte. Die Gottesgemahlin hatte aber auch im Sinne eines Familienbundes die Verwaltung der riesigen Domänen zu leisten, die zum Amuntempel gehörten.

Und ein ganz wichtiger Punkt, den die Ahmosiden genau reflektiert zu haben schienen: Zu den nach der Ma'at drei Legitimationen auf den Pharaonenthron gehörte neben der politischen (Kind eines Königs oder einer Königin) und der juristischen (Adoption) auch die göttliche Legitimation, die die göttliche Abstammung im Visier hat. Da war es tunlich gut, über den Tempel bestimmen zu können, falls ein Orakel doch etwas Nachhilfe bedürfte.

Die Ahmosiden hatten das Land nach heftigen Kriegen wieder befreit und geeinigt. Nichts sollte diese Einheit vorerst gefährden können. Deshalb achteten gerade die Frauen Ah-hotep und Ah-mes Nefertari darauf, die Familie zusammenzuhalten. Das fängt schon mit dem Namen an. Viele in der Familie hatten den Mond im

Namen: Ah[9]. Und als die gerade Linie der Ahmosiden mit Amenhotep I verlosch, sprang wieder seine Mutter Ah-mes Nefertari ein und suchte unter den Hofbediensteten den fähigsten Mann zur Adoption aus, von dem noch einiges zu erwarten war. Es war Thutmosis I. Auch er führte den Mond in seinem Namen: Thot war der Mondgott. Thutmosis und Ah-mose waren also die gleichen Namen, etwa wie Gottlieb und Amadeus in unseren Zeiten. Das war klug von Thutmosis, denn er zeigte damit, dass er in die Tradition eintreten, gleichzeitig aber eigene Schwerpunkte setzen wollte.

Thutmosis war der Vater von Hatschepsut.

Schon vor der Thronbesteigung war Thutmosis mit zwei Frauen verheiratet: Mit Ah-mes, von der er Hatschepsut hatte, und Mut-neferet, von der einen Sohn, Thutmosis, bekommen hatte. Nun war diese Ah-mes nicht verwandt mit den Ahmesiden, sie trug einen Namen, der zu der Zeit en vogue war – wir kennen ja auch solche Namenshäufungen bei uns, in den 80er Jahren des letzten Jahrhunderts zum Beispiel gab es Vielzahl von Mädchen mit dem schönen Namen Julia. Aus der zeitlichen Distanz schwierig zu beurteilen ist, ob Ah-mes, die den Titel „Königschwester" führte, eine Tochter aus einer Beziehung der verwitweten Ah-mes

---

[9] Bitte nicht mit diesem kehligen Urlaut aussprechen, mit dem man ein leergezechtes Bierglas auf den Schanktisch hämmert. Besser *ia* mit einem angedeuteten, gehauchten *h* abschließend.

Nefertari gewesen sein könnte. Wofür die Familienpolitik der Ahmesiden stünde: Die Tochter dem neuen Pharao zur Frau zu geben. Als Thutmosis Pharao wurde, ernannte er Ah-mes zu seiner „Großen Königlichen Gemahlin". Sie soll von einer solchen Schönheit gewesen sein, dass sie sogar den Göttern aufgefallen sei. Was später noch von Wichtigkeit sein wird. Damit war entschieden, dass die früher geborenen älteren Brüder Hatschepsuts, Wadj-mose und Amun-mose, erste Anwärter auf die Nachfolge waren. Für Mut-neferet und vor allem ihren Sohn Thutmosis war die Thronnachfolge erst einmal perdu. Diese Situation muss unter den Betroffenen nicht unbedingt zu Eintracht und Liebe geführt haben: Höveler-Müller (2015, S. 39) berichtet, dass unter diesen Situationen, mit verschiedenen Gemahlinnen Thronprätendenten gezeugt zu haben, mehr Pharaonen „ihr Leben vergiftet oder gemeuchelt im Schlafgemach als auf dem Schlachtfeld" gelassen hätten.

Das genau Geburtsjahr Hatschepsuts[10] ist nicht überliefert. Dafür wissen wir über die Zeugung erheblich mehr: Ihre Mutter Ah-mose wacht mitten in der Nacht von einem wundervollen Duft auf, der, das erkennt sie sofort, aus dem Lande Punt stammt und nur den Göttern vorbehalten bleibt, weil er so wertvoll ist. Im

---

[10] Auch hier möchte ich eher summarisch auf die Biografien Hatschepsuts verweisen, ohne jede Äußerung direkt zu belegen: Höveler-Müller (2015), Nadig, Schnittger, Tyldesley

Halbdunkel erkennt sie ihren Gatten Thutmosis, der, auch das lässt sich zweifelsfrei mit abwärtswanderndem Blick auf den Lendenschurz feststellen, sie voller Erregung ansieht. Als er dann direkt vor ihr steht, erkennt Ah-mose, dass es nicht ihr Mann ist, sondern der Gott Amun persönlich, der diese wunderschöne Frau heiß begehrt. So wurde Hatschepsut gezeugt.

Wir wissen hierüber so genau Bescheid, weil sich dieser Geburtsmythos sehr oft in Inschriften finden ließ. Amun hatte der nach der Zeugung noch erschöpften Ah-mose prophezeit: „'Die erste der vornehmen Damen, die Amun umarmt' wird der Name deines Sohnes sein. Sie wird einst als König über beide Länder herrschen."

Damit wurde die dritte Legitimation bedient, die zu einer Herrschaft führte: Die göttliche Abkunft.

Wir dürften geneigt sein, das Geschehen etwas differenzierter zu sehen. Möglicherweise hatte sich ja der König vor der Begegnung mit seiner Großen Königlichen Gemahlin mit einem besonderen Eau de Cologne eingestäubt – nicht untypisch in Ägypten. Aber ansonsten dürfte es sich um eine normale Nacht im königlichen Gemach gehandelt haben.

Hatschepsut: ‚Die erste der vornehmen Frauen' hielt auch unabhängig von einer möglichen göttlichen Zeugung den höchsten Rang bei Hofe. Sie überlebte als einziges Kind des ersten Thutmosis mit Ah-mes, ihr überlebender Bruder stammt von einer Nebenfrau ab, sie von der Großen königlichen Gemahlin. Und ihr Vater behandelte sie schon sehr früh in einer besonderen Zuwendung. Sie begleitete ihn in seinem 2. Regierungsjahr als Kind[11] auf eine Strafexpedition nach Kusch, wo, obwohl sie sicherlich streng bewacht wurde, sehr viel Grausames zu sehen war. Die Aufständischen wurden schnell und brutal hingerichtet, der Leiter des Aufstands wurde gefangen genommen, hingerichtet (auch dies sicherlich nicht völlig schmerzfrei) und dann am Bug des Schiffes mit dem Kopf nach unten aufgehängt, um allen Passanten auf der 600 km langen Flussfahrt die Konsequenz des ägyptischen Königs zu zeigen: Thutmosis fackelte nicht lange, sich gegen ihn aufzulehnen konnte nur mit einem grausamen Tod enden. Ägyptisches Kriegsziel war es dennoch nicht, Nubien („das elende Kusch") zu vernichten, dafür trieb man zu gerne Handel. Inwieweit Hatschepsut von dem auf der langen Schiffsreise vor sich hin modernden und mit Maden übersäten Leichnam entsetzt war oder ob solche Bilder zum üblichen Bildungskanon junger ägyptischer Prinzessinnen gehörten: Wir wissen es nicht. Wir können nur aus ihrer späteren Nubien-Politik schließen: So etwas lehnte sie ab, sie verhandelte und handelte lieber.

---

[11] Ihr Geburtsjahr wird zwischen 1505 und 1495 angenommen. Der Nubienfeldzug ihres Vaters fand etwa 1503/2 statt, so dass das frühere Geburtsjahr stimmen könnte.

Ihr Vater war ein Herrscher, der expansiv herrschte: Er überschritt die Grenzen des bisher beherrschten Gebiets und auch technisch brachte er Neuerungen: Er war der erste König, der einen Obelisken aufstellen ließ, technisch eine sehr große Leistung. Letztlich begründete er auch das Tal der Könige als Ruhestätte. Er war zudem der erste aller Könige, der den Zusatznamen „Starker Stier" trug, was auf eine geringe Frequenz ehelicher Gemeinschaften mit seiner Hauptfrau Ah-mes und häufigere Abstecher in andere Gemächer schließen lässt.

Bei seinem Tod nach zwölf Regierungsjahren war Hatschepsut bereits als Nachfolgerin Ahmes Nefertari Gottesgemahlin Amuns. Offensichtlich hielt ihre Oma sehr große Stücke auf sie. Durch die Hochzeit mit seiner Halbschwester erhielt Thutmosis II die Legitimation, als Herrscher anzutreten. Ob die gemeinsame Tochter Neferu-Ra schon vor seiner Thronbesteigung auf der Welt war, bleibt strittig.

Es geschah etwas, über das weder Nadig, Schnittger noch Tyldesley berichten, nur Höveler-Müller (2015, S. 47 f) führt die Angelegenheit aus, weil sie einen erstaunlichen Blick auf Hatschepsut erlaubt. Hatschepsut war formal lediglich die Große Königliche Gemahlin ihres Bruder-Mannes Thutmosis II. Sie scheint aber dennoch nicht nur aufgrund ihrer Titel und Aufgaben, sondern vielmehr noch hinsichtlich ihrer „mächtigen Persönlichkeit", insbesondere angesichts ihrer sehr starken weiblichen Vorfahren, eine bestimmende Kraft im Machtgefüge am Hofe gewesen zu sein. In einem Bericht über Thutmosis II wird von einer „Gefangenen" am Hofe berichtet, die augenscheinlich nur Hatschepsut gewesen sein konnte. Was da passierte, ist fast ein Staatsputsch: Thutmosis verhaftete seine Frau, weil sie offensichtlich über zu viel Einfluss oder Macht oder schlicht Sympathie verfügte. Das lässt einen Blick auf Hatschepsuts Persönlichkeit frei: Sie war energisch und einflussreich. Thutmosis II in seinem ersten Regierungsjahr offensichtlich nicht.

Es kamen aber nur noch zwei hinzu, dann verschwand er ohne weitere Spuren in der Geschichte. Weshalb er so früh gestorben ist, bleibt unklar. Eine gewaltsame Erledigung dieses Problems eines unfähigen Königs scheint es aber nicht gegeben zu haben.

Thutmosis II regierte also nur bis 1479. Meist hatte seine Stiefmutter Ah-mes (also Hatschepsuts eigene Mutter) die Regentschaft inne. Das zeremonielle Protokoll ließ die Rangfolge erkennen: In einem Bild stehen Thutmosis II, dann die Regentin, seine Stiefmutter, und erst als letzte die Große Königliche Gemahlin. Nach seinem Tod gab es fast ein *déjà-vécu*-Erlebnis: Die Große Königliche Gemahlin, zum Zeitpunkt des Todes ihres Mannes wohl Mitte bis Ende 20, hatte keinen männlichen Thronerben geboren. Sie hatten gemeinsam eine Tochter Neferu-Ra. Mit der (jüngeren) Isis hatte der verstorbene König einen Sohn, der wahrscheinlich noch ein Kleinkind (Höveler-Müller nimmt „ziemlich sicher" an, er war noch Säugling) gewesen ist und auch Thutmosis hieß. Formell scheint der schon als so kleines Kind mit Neferu-Ra verheiratet worden zu sein, womit er Thronnachfolger wurde. Regentin wurde Hatschepsut.

Ganz gewöhnlich war das nicht: Hatschepsut war nur die Tante des neuen Königs, als Regentin hätte man sich also auch Isis vorstellen können. Sie wurde es aber nicht. Auch ihre Rolle, ob offiziell Nebenfrau oder Haremsdame oder nur eine zufällige Gespielin des Königs, ist nicht bekannt. Wie hätte sie sich gegen die mit allen Titeln bewaffnete und hochkompetente Hatschepsut behaupten können?

Sie regierte also als Regentin, nicht als Königin.

Im nach unterschiedlichen Interpretationen 2. oder 7. „Regierungsjahr" Thutmosis III entschied sich Hatschepsut dann jedoch, selbst die Krone zu ergreifen und sich tatsächlich zur Königin zu erheben. Allerdings tat sie dies nicht, indem sie Thutmosis III verschwinden oder irgendwo ins Dunkle zurücktreten ließ, sondern sie machte ihn zum Mit-Regenten – die erste Doppelspitze in der Führung eines Landes also (die Doppelbesetzung im Senat von Rom mit zwei Konsuln folgte 800 Jahre später). Es gab zwar schon früher in der 12. Dynastie eine Co-Regentschaft, aber hier handelte es sich um den designierten Thronfolger, der seinem greisen Vater als Azubi zur Seite stand und auf

keinen Fall eine gleichberechtigte Teilherrschaft ein-
klagen konnte. Der Fall Thutmosis III und Hatschepsut
war anders.

Es gab noch ein Problem: Es gab gar keine Bezeichnung
für sie. Eine weibliche Form *Königin* gab es nicht. Da
waren die Hofbeamten um Hatschepsut findig: Ab
Hatschepsut diente der Palast (großes Haus: *per-aa*)
als Bezeichnung der Königsfamilie. „Das Haus Hohen-
zollern" bedeutet ja auch nicht nur die Bleibe, woher
sie aufgebrochen waren, sondern auch die Familie.
Und aus per-aa wurde: Pharao. Richtig betrachtet sind
Hatschepsut und Thutmosis III die ersten Pharaonen
Ägyptens. Ihre Vorgänger waren Könige.

Unzweifelhaft wurde der *status quo ante* nun *status
quo*: Hatschepsut blieb die Chefin im Ring, der Knabe
Thutmosis III blieb respektierter „Falke im Nest", also
der, der irgendwann regieren würde (Prinz Charles
mag ein Lied darüber singen können, wie es ist, sehr
lange auf eine Thronbesteigung warten zu müssen).

Zwei Begründungen für ihr Tun wurden und werden
diskutiert:

o Hatschepsut war *machtgeil* geworden und wollte
nun auch formell den Thron; oder:

o Sie war politisch so erfahren, dass sie Gefahren für
den unmündigen Neffen, der auch ihr Stiefsohn
war, sah und ihm bestmögliche Bedingungen für
seine Alleinherrschaft schaffen wollte.

Höveler-Müller, dem ich folgen kann, betont die zweite Version: Hatschepsut war zum Zeitpunkt der Thronbesteigung bereits über 30 Jahre alt, ein für das damalige Ägypten schon fortgeschrittenes Alter. Sie konnte sich ausrechnen, nicht mehr sehr viel Zeit für eigene Perspektiven zu haben.

Zudem war sie krank. Untersuchungen an ihrer Mumie ergaben einen schweren Diabetes des Typs II b (also

mit deutlichem Übergewicht), fortgeschrittener Karies und eine neurodermitis-ähnliche Hautkrankheit. Das Leben scheint für sie in den letzten Jahren nicht auffallend schön gewesen zu sein. Wir dürfen uns vielleicht auch eine einsame, resolute, scheinbar allmählich unbeliebter werdende Frau vorstellen, die ihre Enttäuschung mit dem Dauergenuss von Süßigkeiten zu kompensieren trachtete. Wie bei jeder Regierung gab es auch hier Spott und Verhöhnung. Das Bild Nr. 6 (S. 52) zeigt Hatschepsut (erkenntlich am nur Königen vorbehaltenen Kopftuch) und einen *ithyphallischen* Mann in nicht weiter erklärungsbedürftiger Haltung. Dieses *Graffito* fand sich in einer als Aufenthaltsort für Bauarbeiter leerstehenden Grabstelle in der Nähe ihres Verehrungstempels. Einen Liebhaber scheint Hatschepsut nicht gehabt zu haben, auch Senen-Mut, der Erzieher ihrer Tochter, scheint nicht in dieser Stellung gewesen zu sein. Ein weiterer Schicksalsschlag: Ihre Tochter, Neferu-Ra, die

Gottesgemahlin, wurde plötzlich nicht mehr erwähnt.

Das kann nur heißen, dass sie vor ihrer Mut-

ter gestorben ist und die gemutmaßte Einsamkeit Hatschepsuts noch verstärkte.

Hatschepsut gilt uns Spätgeborenen als Pazifistin. Einen Krieg hat sie nicht geführt, sie hat Handelsdelegationen nach Punt geführt, kam mit reicher Ware zurück und hat sich sehr aktiv an Bauten beteiligt. Der Tempelanlage in Karnak drückte sie ihren eigenen

Stempel auf. Besonders aber kennen wir als ein außerordentliches Stück altägyptischer Bauweise den terrassenförmig gebauten Verehrungstempel der Hatschepsut in Deir el-Bahari. Eines der imponierendsten Bilder meines Lebens konnte ich genießen, als ich zu Fuß aus dem Tal der König kommend und auf einem Bergkamm stehend deutlich unter mir diesen herrlichen Tempel sah (Abb. 7, S. 53). Sie hatte damit einen die geologischen Bedingungen des Talkessels thematisch wunderbar aufnehmendes Ensemble geschaffen. Sie war schließlich zum Ende ihrer Regierungszeit von einem derartigen Übergewicht, dass der Schnitt für die Entnahme der Organe atypisch im Beckenboden und nicht lateral gesetzt wurde. Nach ihrem Tod wurde sie mehrfach umgebettet. Die Pharaonin wurde aus Sicherheitsgründen in das Grab ihrer Amme Sat-Re gebracht. Die typischen, üppigen Grabbeigaben fehlten, Thutmosis ließ aber für die beiden ehrwürdigen Frauen eine kleine Heerschar mumifizierter Gänse zurück. Und er schmückte (nach Höveler-Müller) persönlich das Grab seiner kranken Tante mit dem *Udjat*-Auge, dem herausgerissenen Symbol Horus. Ein symbolisch-schönes Zeichen: Etwas, was schon vernichtet war, wurde wieder ersetzt und wurde geheilt.

Thutmosis III regierte nach dem Tod seiner Stiefmutter-Tante noch 32 Jahre. Er war der Pharao, unter dem Ägypten seine größte territoriale Ausdehnung erreichte. Er war einer der ganz großen Könige

Ägyptens. Zum Schluss aber müssen sogar seine Kräfte (nach insgesamt 54 Jahren Regierungszeit...) geschwunden sein: Die Horrorvorstellung seiner Tante nahm Gestalt an: Halbwegs systematisch wurde ihr Andenken gelöscht und ihr damit die Rückkehr zu einem ewigen Leben verunmöglicht. Das mag 30 Jahre nach ihrem Tod geschehen sein, keinesfalls direkt danach. Denn in einem „blindwütigen Racheakt, schäumend vor Wut" hätte Thutmosis sofort nach ihrem Tod

auf den Putz oder ihre Bilder vom selbigen gehauen. Zudem scheint er mit großer Unlust, wahrscheinlich nur unter dem Druck der konservativen Kräfte, vorgegangen zu sein. Dafür spricht, dass nur ihr Andenken als Pharaonin, nicht aber das als Große Königliche Gemahlin oder Gottesgemahlin vernichtet wurde. Und das geschah sehr unsystematisch, ja fast gelangweilt.

An manchen Stellen sieht man, dass die Zerstörer offensichtlich wenig Lust am Zerstören hatten (Abb. 8, S. 55): Die Umrisse der Pharaonin, die von Horus und Seth mit Lebenszeichen überschüttet wird, lassen sie prächtig hervortreten.

Eines lässt sich aus ihrem friedlichen Tod und der späten Zerstörung ihrer Bildnisse doch deuten: Sie war eine starke Frau mit einer über ihren Tod hinausreichenden Autorität. Sie hatte sich zumindest für über ein halbes Jahrhundert Respekt und Anerkennung bewahrt.

Wir fragen uns noch einmal: Warum überschritt Hatschepsut so viele Konventionen mit ihrer Inthronisation? Höveler-Müller erklärt es so: **„Sie tat diesen Schritt nicht aus Machtgier, sondern aus Liebe und Verantwortungsbewusstsein"** (2015, S. 54).

Michael Höveler-Müller benutzt bewusst eine „additive" Aufzählung und nicht eine „komparative". Er schreibt: aus Liebe **und** Verantwortungsbewusstsein und nicht aus Liebe **oder** Verantwortungsbewusstsein. Beide Substantive bezeichnen etwas Unterschiedliches, dabei sich doch Ergänzendes und sich eben nicht primär Ausschließendes. Liebe und Verantwortungsbewusstsein ergänzen sich und sind kompatibel. Das ist ein wichtiges Kriterium, wenn wir uns der Frage widmen: Was ist eigentlich Liebe, aus der heraus die Königin etwas dermaßen Unerhörtes tut wie die Unterbrechung einer etwa 1.200 Jahre alten Tradition – und dies in einem Land, das quasi aus diesen Traditionen lebt?

Die Alternative: *Liebe oder Verantwortungsbewusstsein* lässt sich an diesem Beispiel erkennen. Wir haben einen Freund, Paul, der seine Freundin Daniela liebt, sie auf Händen trägt und ein wundervolles, gemeinsames Leben mit ihr genießt. Er tut alles, damit sie glücklich ist: Ihr Glück ist sein Glück. Bis sie sich plötzlich von ihm trennt, weil Fridolin in ihr Leben getreten ist. Wir sehen Paul wie einen verjagten Hund durch die Stadt ziehen, traurig, elend, abgemagert, ein leichtes Alkoholfähnchen und der Geruch des Ungepflegten kündigen ihn schon an, bevor er vor uns steht – ein Bild des Jammers. Um ihn etwas aufzumuntern und ihn zu trösten, erzählen wir ihm, der immer nur das Beste für Daniela wollte und seine Bedürfnisse oft zurücksteckte, wie toll es ihr jetzt gehe, wie aufgeblüht sie sei, man sehe sie nur mit einem Dauerlächeln im Gesicht, das pure Glück, sie und Fridolin umarmen sich ununterbrochen und küssen und herzen sich. Gerade planen beide eine lange, romantische Seereise.

Unser Grundgedanke ist ja nicht schlecht: Wenn Paul Daniela wirklich aus vollem Herzen liebt und ihr nur alles erdenklich Gute wünscht, müsste es ihn doch aufheitern, wenn er hört, wie glücklich sie nun mit dem Neuen ist. Warum bloß heult Paul dann auf?

Natürlich macht er das. Aus der Erfahrung, eigener (meist) oder durch nächtelanger Gespräche mit anderen (auch sehr oft) wissen wir: Das ist schon Sadismus. Natürlich beruhigt Paul es keineswegs, dass Daniela jetzt überglücklich ist, weil da ein Unterschied ist: Sie ist nicht mit ihm glücklich. Liebe ist also auch selbstreferentiell. Sie erfüllt uns und gibt unserem Leben Sinn und Halt. Bricht ein Teil, in diesem Fall der wichtigste Teil: das gemeinsame Leben mit Daniela, weg, brechen auch Halt und Sinn unseres Lebens weg.

Zur Liebe gehören also immer auch Verantwortungsbewusstsein, Achtung und Respekt.

Jens Ole Jepsen hatte offensichtlich hiervon wenig Ahnung. Er kannte nur Pflicht, in seinem Sinne Verantwortungsbewusstsein. Jepsen ist eine der drei Hauptfiguren in Siegfried Lenz Roman *Deutschstunde*[12]. Er hätte den Satz von Michael Höveler-Müller vermutlich noch nicht einmal verstanden. Jepsen zerstört die Freundschaft mit seinem besten Freund Max Ludwig Nansen, der sogar Pate seines Sohnes Siggi ist, er verletzt seine Frau unendlich, weil er die von den Nazis verfemten Bilder Nansens auch aus seinem Schlafzimmer reißt, er erklärt in einer dramatischen Szene

---

[12] Da Liebe das Grundthema fast aller Literatur ist, erspare ich mir die Aufzählung der mich beeinflussenden Romane in der Literaturliste.

seinen Sohn Klas für doppelt gestorben, weil der kurz vor Kriegsende desertierte. Alles aus Verantwortungsbewusstsein. Da aber ist, wo dieses Verantwortungsbewusstsein alle anderen Gefühle zu ersticken beginnt, kein Platz für Liebe. Jens Ole Jepsen ist ein Pflichtenmensch, dem ganz offensichtlich Mitmenschlichkeit völlig fremd ist. Ich vermute und unterstelle, aus diesem Grunde hat Michael Höveler-Müller ein **und** benutzt und kein **oder** als Konnektiv zwischen Liebe und Verantwortungsbewusstsein.

Ich lebe in Europa und bin hier mit den kulturellen Bedingungen groß geworden. Mein Verständnis für unsere Gefühle (damit beziehe ich die um mich lebenden Menschen ein) fußt also auf diesem Erbe. Wenn ich die ägyptische Liebesliteratur richtig verstanden habe, dachte man vor 5.000 Jahren am Nil aber nicht viel anders.

Die älteste und wohl auch bekannteste Auseinandersetzung mit dem Thema liefert Platon (Πλατων; Plato ist die latinisierte Form). In seinem Text „Symposion oder: Das Gastmahl", der den „mittleren Dialogen" zugerechnet wird, beschreibt er einen Abend bei Freunden, der schon zehn Jahre zurückliegt. Anlass ist der Sieg des Tragödiendichters Agathon im Wettstreit anlässlich der *Lenaia* (Bühnenautoren ließen Stücke aufführen, eine Jury entschied über den Sieg als bestes Theaterstück, also so etwas wie antike Klagenfurter

Lesungen im Streit um den Bachmann-Preis) am Vortag. Da dort schon ordentlich (eher: außerordentlich) gezecht worden war, einigten sich jetzt die Freunde auf mäßigen Alkoholgenuss und ernsthafte Gespräche. Thema, zu dem jeder der Anwesenden etwas beitragen sollte, war: Die Liebe.

Von den Beiträgen der meisten Diskutanten wissen nur ausgewiesene Platon-Experten etwas, bekannt und wichtig sind eigentlich nur zwei. Aristophanes, der als historische Person tatsächlich Dichter war, und Sokrates, Platons *alter ego* in seinen Dialogen, legen zwei unterschiedliche Konzepte der Liebe vor.

Aristophanes benutzt ein Bild: Ursprünglich waren die Menschen Kugelwesen mit vier Armen und Beinen. Sie begannen, gottähnlich zu werden, weshalb Zeus sie mittendurch schnitt und Wesen mit zwei Beinen und zwei Armen schuf. Die waren aber nun dauernd auf der Suche nach ihrer anderen Hälfte („die bessere Hälfte" im deutschen Sprachgebrauch). Und erst, wenn sie die gefunden hatten, waren sie glücklich.

Das ist ein ziemlich romantisches Ideal: Dauernd, Tag und Nacht zusammen zu sein, nie verlassen zu werden, es gibt nur die eine und ausschließende Liebe, die bis zum Lebensende währt. Wenn man sie gefunden hatte.

Im Grunde genommen haben wir dieses gemeinsam mit dem Thema „Glück" doch schon mit 16 Jahren abgehandelt, mit dampfendem Brombeertee im Becher, locker an die Resopaltische im Jugendhaus gelehnt und vielleicht einem sehnenden Blick zu Gaby oder Reinhold. Denn alle Erfahrung zeigt doch: Das ist intellektueller Unfug. Unbestreitbar ist doch, dass die meisten sich in mehrere Menschen verlieben können, meist nach einander, oft auch neben einander, dann wird es kritisch. Im Masseneinsatz wird „Ich liebe dich" zwar nur zu Showzwecken gebraucht, wenn einer der *Stars* in die zehntausendköpfige Menge ruft: Ich liebe euch. Na, dann viel Spaß und frohes Schaffen noch. Realistisch aber ist es schon, dass man im Laufe seines Lebens zu verschiedenen Partnern und Partnerinnen ein Gefühl der Liebe entwickelt. Wir sind eben nicht wirklich die die andere Hälfte suchenden geteilten Kugelmenschen.

Das „Ich liebe dich" wird nicht nur einmal zu einem Gegenüber ausgesprochen. Es ist allerdings etwas Kostbares, ein Versprechen, etwas durchaus Ernsthaftes, das auch nicht inflationär ausgeschüttet wird. Und: „Ich liebe dich" wird etwas ganz Einmaliges, wenn es mit deinem Vornamen verbunden ist. Beim ersten Aussprechen ist dieser Satz ein Anerkennung der eigenen Wahrhaftigkeit. Stimmt er nicht, verletze ich damit dich und mich. Der Satz ist zugleich eine Tat: Er ist einen Handlung, die nicht umkehrbar ist. Sobald dieser Satz in der Welt ist, verändert er auch meine Beziehung zu dir (völlig apathisch und stumpf lebende Zeitgenossen einmal ausgeschlossen). Der Satz kann willkommen und ersehnt sein, aber auch befürchtet, denn nun bist du im Zwang, zu reagieren. Trawny (S. 81) beschreibt es sehr schön: „Für den, der ‚Ich liebe dich' sagt, ist die Sonne schon aufgegangen. Die negative Antwort: ‚Ich dich aber nicht' ist eigentlich ausgeschlossen. Was nicht sagen soll, dass es sie nicht gibt: Die Enttäuschung der Liebe ist ihr Risiko." Mit diesem Bekenntnis einher gehen Versprechungen, wir machen dies und erleben jenes, die im Rückblick meistens nur Wünsche sind, enger bei einander zu sein.

Bei Platon aber gibt es nur dies: Die fehlende Hälfte ist noch nicht gefunden: Dann sucht man weiter. Oder die fehlende Hälfte ist gefunden: Dann tauchen die Liebenden in symbiotischer Verbundenheit für immer und ewig in ein gemeinsames Glück. Der Cowboy reitet mit seinem Pferd in die Abendsonne. Abspann.

Warum lässt Platon einen hochgeachteten Dichter einen solchen Quatsch erzählen? Und dazu noch mit einem besonders in diesem Zusammenhang lächerlichen Schluckauf, der Aristophanes dauernd innezuhalten zwingt?

Das ist Rache. Aristophanes hatte Platons verehrten Lehrer Sokrates lächerlich gemacht. Am deutlichsten in seinem Stück „Die Wolken" hat er ihn als einen Nichtsnutz und Jugendverführer dargestellt, der in einer Hängematte schwebend den fragenden Strepsiades anpöbelt: „Was suchst du mich, du Sohn des Staubes?" (S. 139). Letztlich wurde Sokrates wegen

62

Anschuldigungen als ungläubiger Jugendverderber 399 v. Chr. zum Tode verurteilt und mit Gift hingerichtet. Zeller (S. 139 ff) beschreibt sehr plastisch die Situation, in der der erzkonservative, wenngleich pazifistische Aristophanes aufwuchs, um auf diese Weise gegen Sokrates zu agieren: „Aristophanes hat alles, was ihm über Philosophen und Sophisten anstößiges und ungereimtes zu Ohren gekommen war, auf das Haupt des Sokrates gehäuft; die Frage, ob diese Dinge auch wahr, und gerade von ihm wahr seien, machte ihm keine Sorge" (Zeller, S. 141, Orthographie von 1922). Platons eigene Ideen ließ er durch seine Sokrates-Figur und die Seherin Diotima erklären. Auch das ist sehr ungewöhnlich: Normalerweise spielen Frauen in der griechischen Philosophie keine Rolle. Nur Platon lässt im *Gastmahl* und im noch früheren Dialog *Menexenos* (s. Platon, Bd. 1) Frauen die entscheidenden Passagen vortragen. Schlicht gesagt ist für Platon Liebe eine mathematische Gleichung. Liebe ist Begehren. Und man begehrt etwas, um einen Mangel aufzuheben. „Heißt nicht, Jenes zu lieben, was einem noch nicht zur Verfügung steht, und was man nicht hat, zu begehren, dass einem dies auch für die Zukunft erhalten und gegenwärtig bleibt?" (Symp., 200d). Das klingt schlüssig, bedeutet aber auch: Liebe ist immer nur in der Abwesenheit begründet. Simone Weil hat dazu gemeint: „Man muss in einer Wüste sein. Denn der, den du lieben musst, ist abwesend" (S. 125). Damit wäre Liebe nach Platon immer ein Begehren des Mangelnden. Wer also seine Liebe gefunden hat, ihrer nicht mehr mangelt, ist nicht glücklich.

Hieraus entwickelte sich in der Renaissance der Begriff der platonischen Liebe: Eine, die immer sucht und ohne Körperlichkeit auskommt. Obwohl Platon dies nicht gesagt hat.

Platon meint also: Liebe ist Begehren. Begehren ist Mangel. Und logisch ist Liebe dann auch Mangel.

Wie sehr Liebe Begehren ist, merken wir immer am Anfang einer Liebe: Die Faszination, die von einander ausgeht und zum gemeinsamen Erleben drängt. Aussagen wie „Ja, das machen *wir* einmal" oder „Beim nächsten Mal fahren *wir* aber zusammen dorthin" sind Ausdruck einer imaginierten Gemeinsamkeit, nicht in erster Linie ein Versprechen. Das später einzufordern („*Du* hast aber gesagt...") zeigt, dass dieser Zauber des ersten Kennenlernens falsch verstanden wurde.

Marsilio Ficino hat dieses Symposion knapp 1.800 Jahre später noch einmal aufgeführt. Auch mit Leuten, die zu den Themen des platonischen Symposions Ansprachen hielten. Spannender aber ist das Original.

Obwohl uns dies in unserer Beschäftigung mit Hatschepsut nicht weiterbringt. Die These Platons gilt vielleicht für das Verlieben, aber nicht für eine anhaltende Liebe. Denn wenn Liebe Begehren ist, einen Mangel aufzuheben, so ist wegen des Aufhebens des Mangels kein Begehren, also auch keine Liebe mehr

da. Die Anziehungskraft der ersten Liebe beschreibt
Platon in seinem Modell sehr gut. Vielleicht ist für Platon nicht die Erfüllung wichtig, sondern die Bewegung
dorthin. Das aber beschreibt nicht die Konstanz. Ein
Mangel ist erfüllt, das Begehren damit erloschen, die
Liebe tot.

Es kommt natürlich auch vor. Selbstreferentiell und
damit ungern möchte ich auf eine eigene Arbeit dazu
verweisen, die genau dies beschreibt: Die Liebe nur im
Begehren, nicht im Halten (Lanzendörfer/Scholz). Serielle Lieben wie weiland Parzival, dessen Weg zum
Gral gesäumt war von Frauen mit gebrochenem Herzen.

Es gibt sie also: Die Löschung der Liebe, wenn sie gerade erreicht ist.

Wenn aber Hatschepsut keine Konstanz in ihrer Liebe
zu ihrer Familie gespürt hätte, so hätte sie wohl kaum
den Schritt gewagt, den sie getan hat. Um die wirkliche Situation des Menschen Hatschepsut zu verstehen, haben wir uns im ersten Teil dieses Textes (möglicherweise: zu) ausufernd mit Kultur, Religion und
Tradition Altägyptens beschäftigt. Davon wusste die
energische und kluge Königin natürlich noch mehr als
wir. Sie scheint ihr Tun lange (etwa fünf Jahre) überlegt zu haben. Einen solchen Schritt zu wagen hätte
auch ihren Tod bedeuten können. Dessen muss sie
sich bewusst gewesen sein. Trotzdem hat sie etwas

Revolutionäres aus „Liebe und Verantwortungsbewusstsein" gewagt.

Um sie zu verstehen, benötigen wir einen anderen Zugang zu ihren Gefühlen.
In der beginnenden christlichen Literatur, besonders in den exergetischen Texten zu der entstehenden Bibel, wird die Liebe dreigeteilt beschrieben: als Ερως, Φιλια und Αγαπη, als Eros, Philia und Agape. Diese Begriffe stehen für die verschmelzende Liebe (die könnte Platon gemeint haben) = Eros, die dialogisierende, freundschaftliche Liebe = Philia, und die durch Gottes Liebe bedingte sorgende, vielleicht am besten Nächstenliebe = Agape. Gelegentlich kommt die mildeste Form, die Eingangsstufe im besten Sinn, noch hinzu: die Στοργη, Zuneigung, wobei mein altes Schulwörterbuch, der Menge/Güthling, *Storge* mit Zärtlichkeit übersetzt. Dazu ist noch anzumerken: Die *Agape* ist kein richtig altgriechisches Wort, es wurde erst im zweiten Jahrhundert, also 600 Jahre nach den Klassikern (etwa die Zeitspanne zwischen dem Ende des Alten Reichs und Hatschepsut im Neuen Reich), in die erste griechische Version der sich bildenden Bibel aufgenommen. Ein Kunstwort, das von agapao: zärtlich sein, umhegen, kommt.
Ein Wirrwarr. Und kommt gleich mit einer religiösen *Message* einher: Nächstenliebe ist nur über Gott möglich. Die Nächstenliebe gehe in der Liebe zu Gott auf,

denn (Augustin zusammen gefasst) in unserer Liebe zu Gott lieben wir auch unseren Nächsten. Das hatte Jesus zwar etwas anders gesagt und gemeint[13], aber da wird er sich wohl geirrt haben, meinte Augustin, denn Nächstenliebe ohne Gottesliebe sei keine, da habe Jesus sich möglicherweise unklar ausgedrückt – trotz seines Beispiels mit dem barmherzigen Samariter. Schwamm drüber, zum Glück konnte Augustin uns aufklären: Nächstenliebe gehe in der Gottesliebe auf. Hannah Arendt hatte sich in ihrer Dissertation „Der Liebesbegriff bei Augustin" intensiv damit beschäftigt, auch ein anderer Heidegger-Schüler, Hans Jonas (1965), hatte sich mit diesem Thema befasst. Augustins Auffassung aber wurde Tradition. Und vergessen wurde die Aussage im Jakobusbrief 2, 17: „So ist auch

---

[13] Bei den Synoptikern Mattäus, Markus und Lukas finden sich die Stellen, die später relativiert wurden. In einer Szene wurde Jesus von einem Schriftgelehrten „versucht", er wollte ihm also eine Falle stellen mit der Frage, welches das höchste Gebot von allen sei. Und lt. Mk 12, 30-31 meint Jesus: „Du sollst den Herrn, deinen Gott, lieben von ganzer Seele, von ganzem Gemüt und von allen deinen Kräften. Das andere ist dies: Du sollst deinen Nächsten lieben wie dich selbst. Es ist kein anderes Gebot größer als diese." In Mt 22, 37-40, steht fast wörtlich das gleiche. Und bei Lk 10, 28-29 folgt als Illustration danach das Beispiel des barmherzigen Samariters, weil der „versuchende" Schriftgelehrte sich dumm stellt und fragt: Aber wer ist denn mein Nächster? Jesus erzählt das Gleichnis und endet mit der Aufforderung: „So gehe hin und tue desgleichen!" (Lk 10,37)

der Glaube, wenn er nicht Werke hat, tot in sich selbst." Nach Augustin war ein gottgefälliges Leben ein solches, das sich auch in Weltabgeschiedenheit ohne jede Notwendigkeit zur Nächstenliebe, ohne „Werke" gestalten kann. Der Augustiner-Orden war ursprünglich ein Eremiten-Orden und wurde erst 1963 in Ordo Sancti Augustini (abgek.: OSA) umbenannt. Für über 700 Jahre hieß er: Ordo Eremitarum Sancti Augustini. Ein Eremit ist einer, der abgeschieden in der ερημια, eremia, der Wüste lebt. Sehr viel Notwendigkeit zur praktizierten Nächstenliebe gab es unter solchen Bedingungen nicht. Dafür ließ sich störungsfrei ein gottgefälliges Leben führen – oder was man dafür hielt.

In der Praxis dürfte das egal sein. Wenn Chris in Julias Augen eintaucht, so sieht er dort Anteile von Eros, von Philia und von Agape: eben das Gesamtgemenge dessen, was Liebe ausmacht. Die Anziehungskraft, die von ihr ausgeht, die Bereitschaft, sich gegenseitig die Welt zu zeigen und im Gespräch eine eigene Welt zu schaffen, und schließlich die beschützende Zärtlichkeit. Es kann aber auch sein, dass Vinzenz sich ganz besonders in Sarahs Gegenwart einfach wohl und sicher fühlt, dass Frederik eine zärtliche und beschützende Liebe für Karola spürt und dass andererseits Kevin von Tabeas heftiger weiblicher Ausstrahlung angezogen wird. Dann wären Einzelaspekte dominierend. Und egal, welche Namen eingesetzt sind: Liebe kennt kein

Alter, keine Rasse und kein Geschlecht. In der Liebe ist nur der Geliebte wichtig und keine Zuordnungen.

Es ist schon interessant, dass die Gliederung von Eros – Philia – Agape von Autoren ganz unterschiedlicher philosophischer Herkunft aufgenommen wird. Johannes Lotz (1971) ist als Jesuit streng auf der Linie der katholischen Ethik, Clive Lewis (1979) ist Protestant aus Oxford (Anglikaner) und gilt als „Neuapologet". Beiden ist die von Gott kommende Agape in ihren Darstellungen wichtig, sie denken an eine Liebe, die von Gottes Liebe umfasst wird. Lotz spricht sogar von Stufen der Liebe: Die niederste ist der Eros, etwas höher schon die Philia zu setzen, aber ganz oben auf der Liste der sinnhaften Liebe steht die Agape als Gottesliebe. Anders der bekennende Atheist André Comte-Sponville, der auch die Aufteilung in die drei Unteraspekte aufnimmt. Er beschreibt Agape besonders deutlich: „Was ist Nächstenliebe? Eine Liebe, die darauf verzichtet, ihre Macht ungehemmt auszuüben" (2014, S. 131).

Ist vielleicht das die Liebe, die Michael Höveler-Müller meinte, als er befand, Hatschepsut habe aus „Liebe und Verantwortungsbewusstsein" gehandelt? Eine erotische Liebe zu ihrem Stiefsohn-Neffen dürfen wir ausschließen: Das wäre irgendwo aufgefunden worden. Und ein Bild, wie das von Abb. 6 (S. 52) wäre nicht aufgetaucht. Jemanden wie Thutmosis III so zu verhohnepiepeln wäre dann doch etwas zu gewagt. Eine freundliche, dialogisch geführte Liebe ist möglich, sie reicht aber kaum als Erklärung für die Übernahme der Königskrone – nachdem übrigens noch ein Amun-Orakel vermutlich etwas, ja – nennen wir es: *vorbereitet* oder besser: *orchestriert* worden ist, damit es zu dem gewünschten Ergebnis kam.

Das würde auch erklären, weshalb Thutmosis III nicht gleich zum Antritt seiner alleinigen Regierung an die Zerstörung des Andenkens seiner Stiefmutter-Tante gedacht hat und diese erst sehr spät, zum Ende seiner Regierungszeit und dann ganz offensichtlich nicht begeistert, zugelassen hat.

Hatschepsut hat also etwas bislang Unvorstellbares gewagt aus Nächstenliebe? Sicherlich nicht völlig unvorstellbar: Nächstenliebe ist ein starker Motor, denken wir an den Retter, der in den reißenden Fluss springt, um einem ihm völlig Unbekannten zu helfen. Denken wir aber auch an ihre eigene Geschichte mit Mutter, Großmutter und Urgoßmutter: Alle waren starke, mächtige, selbstbewusste, in einem Wort: bewundernswerte Frauen, von denen eine ja sogar den höchsten Militärorden Ägyptens erhalten hatte. Sie vertrat also ganz offensichtlich nicht nur sich selbst und vielleicht als einen Nächsten ihren Stiefsohn-Neffen, sondern war eingebunden in eine Kette bemerkenswerter Frauen als Vorfahren.

Nun war das Denken über die Liebe mit Platon nachweisbar nicht beendet. Der schon erwähnte Marsilio Ficino beginnt sein dem Original nachempfundenes Gastmahl mit dem Hinweis: „Es pflegen die Sterblichen das, was sie üblicherweise und häufig tun, infolge langer Gewohnheit gut zu tun und je häufiger desto besser. Doch bei der Liebe versagt diese Regel wegen unseres Unverstandes und zu unserem Leidwesen. Wir alle lieben unaufhörlich auf irgendeine Weise; aber fast alle lieben wir schlecht, und je mehr wir lieben, desto schlechter lieben wir" (S. 7). Ein vernichtendes, unser Selbstwertgefühl durchaus beeinträchtigendes Eingeständnis: Viele zu lieben mindert die Qualität der wahren Liebe.

In fast allen Texten und Untersuchungen wird nämlich nur knapp, wenn überhaupt, darauf eingegangen: Ist die Liebe, sei sie begehrend-sinnlich oder freundschaftlich, eine Lebenskonstante?

Zur ersten Begegnung jenseits des Kennenlernens gehört die Berührung: Erst mit den Augen, dann später berühren sich Haut und Haut. Dies schafft eine Verbindung, die eine andere Qualität hat als das gegenseitige Verstehen im Erzählen. Jullien (2014, S. 20 ff) differenziert „das Intime": Zum einen nennt er das intim, „was völlig privat und im allgemeinen anderen verborgen ist". Und dann ist aber auch intim das, „was Personen vereint und das Einvernehmen unter ihnen fördert." Also ist es einmal „das Zurückgezogenste und für andere Verborgenste" und auch das, „was einen am tiefsten mit dem anderen verbindet und mit ihm zu teilen veranlasst". Mit Intimität bezeichnen wir demnach unser Innerstes, das wir auch mit jemand anderem zu teilen vermögen. Hier kippt dann auch die Einteilung in ein Innen und ein Außen – weil es beides ist. Marion (S. 108 ff) ergänzt diesen Aspekt ausführlich in seinem Buch über „Das Erotische. Ein Phänomen" noch um den der Sicherheit: „Die Liebe erweckt zu neuem Leben – und dies muss man als analytische Aussage verstehen." Lieben heißt für ihn: Zuerst und ohne Schutz zu lieben: „Dass ich liebe, setzt nicht mehr länger voraus, dass man mich zuerst liebt" (S. 116). Die Sicherheit ergibt sich aus der Erkenntnis zu lieben: „Zu lieben heißt genau genommen nichts anderes, als das Eigenste in Worten und Taten auszudrücken – an erster Stelle und ohne möglichen Stellvertreter" (S. 21). Auch das ist ein Aspekt: Hatschepsut war sich ihrer Liebe bewusst, sie unterstrich damit ihre auch heute noch so gerne beanspruchte *Authentizität*, sie war sich ihres Handels sicher und mit sich im Reinen.

Die Philosophie des 20. Jahrhunderts beschäftigte sich stark mit Sinneseindrücken. Eine Orientierung, die bis zum Ende des 19.Jahrhundrts gültig war, boten die Kantischen Ideen vom Handeln als Pflicht. Auch Max Scheler (1874 – 1928) war ursprünglich Kantianer, kam aber unter dem Einfluss Edmund Husserls zu einer

Neuorientierung: Handeln nicht als Pflicht, sondern nach Werten. Er vertrat eine wertebasierte oder Philosophie der Werte. Insbesondere sein umfangreiches Buch „Der Formalismus in der Ethik und die materiale Wertethik" (Teil 1 erschien 1913, Teil 2 1916) beschreibt seine Vorstellungen. Der Mensch erfahre intuitiv Kenntnisse und Praxis von „Wertphänomenen". Zuvor war noch erschienen „Zur Phänomenologie und Theorie der Sympathiegefühle und von Liebe und Hass", ebenfalls 1913 erschienen, wurde in der 2. Auflage 1923 dann erheblich griffiger als „Wesen und Form der Sympathie" veröffentlicht.

Inhalt dieser Wertethik Schelers ist die Aussage, dass das Gute erkannt werden kann. Durch dessen Erkennen bekommen Werte eine existenzielle Bedeutung. Das daraus entstehende Handeln entwickele sich quasi autonom – im Gegensatz zu Kants Ethik, in der ein vernünftiger Wille das Handeln bestimme. Gleich zur Einleitung des Formalismus-Buchs (2014, S. 26) definiert Scheler: „4. Alle materielle Ethik ist notwendig Hedonismus und geht auf das Dasein sinnlicher Lustzustände an den Gegenständen zurück." Wenn er schreibt, dass Werte als Wertphänomene „echte Gegenstände, die von allen Gefühlszuständen verschieden sind" (1916, S. 14), so schreibt er ihnen eine sinnliche Qualität zu. Über die Wahrnehmung des Sittlichen komme der Mensch schließlich zu einer wertegeleiteten Gesinnung. Liebe sei egoismusfrei, weil sie, je stärker sie sei, desto deutlicher sie den Egoismus überwinde. „Es ist eben nicht der ‚tiefste Sinn‘ der Liebe, den anderen so zunehmen und zu behandeln, als wenn er mit dem eigenen Ich identisch wäre. Liebe ist nicht bloße quantitative ‚Erweiterung der Selbstsucht‘ – ist nicht das Verhältnis irgendwelcher Teile eines Ganzen, das als ‚Ganzes‘ nur seine (egoistische) Selbsterhaltung, seine Selbstförderung oder sein Wachstum anstrebte. Das alles ist eine evidente Fälschung des Phänomens“ (2017, S. 81 f).

Intensiv hat sich Scheler nicht nur praktisch (er war dreimal verheiratet und hatte noch zusätzlich einige Affären, wegen einer gab es einst einen riesigen Skandal: Er musste darauf seine Tätigkeit als Privatdozent in Jena aufgeben), sondern auch theoretisch mit dem Thema „Lusterleben“ beschäftigt. Er stellte fest, dass der Sexualimpuls dann ausschließlich der Fortpflanzung diene, wenn er an eine Brunstzeit gekoppelt sei. Herausgelöst daraus sei dieses Lusterleben schließlich eine eigene Quelle der Lust. Die Begründung ist augenfällig. Und in der Schrift „Liebe und Erkenntnis“ von 1915 (wiederveröffentlicht in 2000, S. 73 ff) postuliert er die enge Verbindung zwischen Erkenntnisgewinn und Liebe: Gerade das Gegenteil von „Liebe macht blind“ stimme.

Der Hinweis, das Lusterleben von Liebe außerhalb von Brunstzeiten sei eine eigenständige Quelle von Lust, verdient in unseren Betrachtungen einen Hinweis:

Vielleicht war das Königspaar das einzige altägyptische Ehepaar überhaupt, das nie eine Liebesheirat eingehen konnte, sondern als Zuchtanstalt für die nächste Generation diente. Das partnerschaftliche gemeinsame Lusterleben, in einem **liebe**-vollen Nehmen und Geben, mussten Königs wahrscheinlich nur woanders leben. Dem König als „starker Stier" war die Aushäusigkeit qua Amt schon übertragen, Königinnen mussten vermutlich erheblich diskreter vorgehen. Obwohl...

Der Punkt „erotische Liebe bei Hatschepsut" bedarf keiner langen Ausführung. Zum einen wissen wir überhaupt nichts über ihre Neigungen und Lieben, es gab auch keine Tacitus, Sueton oder Prokop, die „in notorischer Geilheit der Verklemmten" in kaiserlichen oder königlichen Schlafgelegenheiten Ausschau nach Wüstem hielten. Zum anderen wird sie natürlich auch manche Nächte nicht allein verbracht haben, dazu war sie zu sehr selbstbewusste, ägyptische Frau. Ihre eigene Großmutter, Ah-mes Nefertari, hat möglicherweise ihre eigene, nachehelich geborene Tochter Ahmes Thutmosis zur Frau gegeben, damit die Linie gewahrt blieb. Also muss es im königlich-verwitweten Schlafzimmer der Ah-mes Nefertari nicht nur trauernd bedrücktes Schweigen, sondern auch lustvolles Lachen gegeben haben.

Weshalb hätte Hatschepsut eine Ausnahme sein sollen?

Aber es gab einen anderen Grund, diesen Punkt eher klein zu schreiben: Sie war Diabetikerin. Und bei von dieser Krankheit Betroffenen, besonders jenen mit der Komplikation „Polyneuropathie", sind die Sexualfunktionen deutlich gestört und vermindert: Von Libido über Lubrifikation und Orgasmus bis zur generellen sexuellen Satisfaktion. Schon Mitte der achtziger Jahre des vorigen Jahrhunderts hat die Arbeitsgruppe um Schreiner-Engel[14] Befunde dazu erhoben, die immer wieder bestätigt werden. Diabetikerinnen leiden sehr häufig an Dyspareunie, dem schmerzhaften Sexualverkehr (eigentlich: Miss-Begattung, von παρευνος: Bettpartner).

Warum sollte sich Hatschepsut etwas antun, was ihr wenig oder gar keinen Spaß macht?

Erich Fromm (1900 – 1980) war der populärste Vertreter eines Humanismus, dem einige vorweg stehende Attribute angeheftet worden sind: normativer und sozialistischer H. sind noch die bekanntesten.

Er wurde ausgebildet zum Psychoanalytiker von Hanns Sachs, einem nicht-ärztlichen Freud-Schüler. Lange war Fromm mit dem Frankfurter Institut für Sozialfor-

---

[14] Ich erspare jetzt allen die ellenlangen medizinischen Verweise dazu.

schung verbunden, trennte sich aber von dessen Protagonisten (besonders Marcus und Adorno) in der Emigration noch vor Beginn des Weltkrieges.

Fromm war Sozialpsychologe. Und das bedeutete den Bruch mit den Freudianern strenger Observanz: Fromm verwirft Freuds Konzept der Bildung des Über-Ichs als Gewissens-Topos in der Kleinfamilie. Nach Fromms Ansicht ist das Über-Ich eine aus gesellschaftlicher Gewalt entstehende Entwicklung. Hieraus entwickelte er die Idee von seelischen Grundbedürfnissen des Menschen. Diese Grundbedürfnisse allein, und auch hier unterscheidet er sich von Freud, hätten keinen körperlichen Ursprung, wie Freud ja die Libido als organische Konstituente sieht. Als Teil einer Gesellschaft suche der Mensch einer Isolation oder Vereinsamung zu entgehen. Er trachte also danach, sich mit andern zu verbinden. Die höchste Form dieser Verbindung, ja geradezu deren Erfüllung ist die Liebe.

Auf gesellschaftliche Ebene übertragensieht Fromm durchaus Parallelen zur interindividuellen Liebe. Er prägte den Begriff des „Sozialcharakters", womit er Sozialpsychologie und Soziologie verband. Seine diesbezüglich wichtigsten Bücher „Anatomie der menschlichen Destruktivität" (1973) und Furcht vor der Freiheit" (1941)[15] belegen die Arbeiten dazu. In seinen

---

[15] Um den Text lesbarer zu gestalten, verzichte ich immer auf die seitengenauen Zitierungen.

absolut bekanntesten Büchern „Die Kunst des Liebens" (1956) und „Haben oder Sein" (1976) beschäftigt Fromm sich mit der seelischen Entwicklung des Menschen. Im zweiten Teil der „Kunst" entwickelt Fromm eine „Theorie der Liebe". Der Mensch schwanke zwischen einem Konformitätsbedürfnis und einer Individualität. Daher sei Liebe keine symbiotische Vereinigung (wie Platons Kugelmenschen), die Liebe wahre Integrität und Individualität. Leidenschaft allein könne nie der Marker einer reifen Liebe sein. Daher weise der Satz: „Ich liebe dich, weil ich dich brauche" einen Fehler auf. Richtig sei: „Ich brauche dich, weil ich dich liebe".

Ich bin der Meinung, Erich Fromm hat uns weiterhin viel zu sagen. Gerade das Konzept der „Biophilie", der Liebe zum Leben, ist richtungsweisend. Fromm hielt im Gegensatz dazu die „Nekrophilie" der Faschisten für kennzeichnend: Sie hatten wie auf den Reichsparteitagen in Nürnberg Freude an Massen stumm und starr stehender Blöcke von Menschen, in denen sich nichts regte: Todesstarre eben.

Hatschepsuts Leben deutet auf eine ausgeprägte Biophilie hin. Ihre unglaublich vielen Bauten, die Obelisken, ja, auch ihr weitgehender Verzicht auf Kriege und dafür Stärkung des Handels sprechen eine deutliche Sprache: Ich sage Ja zum Leben. Und das wollte sie auch weitergeben. Deshalb ihre liebende Sorge um ihre Familie.

Welches ist das der Liebe entgegen gesetzte Gefühl? Spontan tippen die meisten wohl auf Hass. Der Hass ist ein genauso erfüllendes Gefühl wie die Liebe, ein ganzheitliches Gefühl enormer Wucht. Während die Liebe allerdings auf Entwicklung und Schutz gerichtet ist, zielt Hass auf Ende und Vernichtung. Die Stärke ist gleich, die Zielrichtung genau entgegen gesetzt.

Könnte mit der gleichen Berechtigung nicht aber auch die Gleichgültigkeit als das Gegenteil der Liebe bezeichnet werden? Hier, die Liebe, ein völlig ausfüllendes, zugewandtes und aktives Gefühl, dort, die Gleichgültigkeit, Leere, Interesselosigkeit und Passivität. Die Gleichgültigkeit ist das absolute Nein zu allem, wozu die Liebe Ja sagt.

Stéphane Hessel hat in seiner Schrift „Empört Euch!" sogar eine Teilüberschrift mit einem Sartre-Zitat benannt: „Gleichgültigkeit ist die schlimmste Erscheinung." Gleichgültigkeit ist nicht nur ein zwischenmenschliches Problem, im öffentlichen Bereich kann sie geradezu zu einem Zusammenbruch von Gemeinschaftseinrichtungen führen. Durch einen Rückzug aus dem öffentlichen Leben, aus sozial-ehrenamtlichem oder politischem Engagement entsteht der Allgemeinheit Schaden. Und im Extremfall wird sich jemand Gleichgültiges auch abwenden von Menschen in akuter, existenzieller Not. Gleichgültigkeit ist häufig vernetzt mit Interesselosigkeit und mangelnder Empathie.

Zunehmende Gleichgültigkeit ist zudem der Tod vieler Paarbeziehungen. Gleichgültige Kälte und Interesselosigkeit dem Partner gegenüber haben sich dann den Platz genommen, den vorher emotionale Wärme und Sorge füreinander hatten.

Wir können diese für das zwischenmenschliche Zusammensein negativen Gefühle in keinen Zusammenhang zu Leben und Schaffen einer großen Königin sehen, das Gegenteil trifft zu.

Lässt sich über die Begründung für Hatschepsut Griff nach der Krone ein sicheres Resümee ziehen? Natürlich nicht. Interpretieren dürfen wir aber.

Königin Hatschepsut stand als Großer Königlichen Gemahlin, als Gottesgemahlin und als Gotteshand ein immenses Repertoire an Freiheiten zur Verfügung. Ein Detail aber fehlte: Wollte sie ihrer Familie in Sicherheit das Regieren weiter ermöglichen, so musste sie aus dieser Liebe zur Familie einen revolutionären, nicht ungefährlichen Schritt gehen und sich selbst krönen lassen. Hatschepsut musste erkannt haben, dass die Liebe das ist, was bleibt, wenn alles andere verloren zu gehen droht. Sie musste ein Tabu brechen, das sie nach ihrem eigenen Glauben letzten Endes endgültig tötete – 32 Jahre nach ihrem eigenen Tod.

Literatur

Angela, Alberto: Kleopatra. Hamburg: 2019, HarperCollins (Mailand: 2018, HarperCollins)

Arendt, Hanna: Der Liebesbegriff bei Augustin. München: 2021, Piper (Neuedition)

Aristophanes: Die Wolken. In: Die Komödien, Stuttgart: 2019, Kösel, S. 115-183

Aristoteles: Nikomachische Ethik. Hamburg: 1985 (Meiner).

Assmann, Aleida; Jan **Assmann**: Hieroglyphen. Archäologie der literarischen Kommunikation. München: 2003, Fink

Assmann, Jan: Herrschaft und Heil. Politische Theologie in Altägypten, Israel und Europa. München: 2000, Hanser

---: Ma'at. Gerechtigkeit und Unsterblichkeit im Alten Ägypten. München: 2001, Beck

---: Tod und Jenseits im Alten Ägypten. München: 2003, Beck

---: Religio duplex. Ägyptische Mysterien und europäische Aufklärung. Berlin: 2017, Verlag der Weltreligionen

---: Ägypten. Eine Sinngeschichte. Frankfurt: 2018a, Fischer, 5. Aufl. (Erstaufl. München: 1996, Hanser)

---: Totale Religion. Wien: 2018b, Picus

Assmann, Jan; Andrea **Kucharek** (Hg.): Ägyptische Religion. Berlin: 2018, Verlag der Weltreligionen.

Augustinus, Aurelius: Über den Gottesstaat. Zitiert nach: http://joachimstiller.de/download/philosophie_augustinus_gottesstaat.pdf (Letzter Zugriff 30.9.2021)

Bommas, Martin: Das Alte Ägypten. Darmstadt: 2012, WBG

Breitsamer, Christof: Liebe. Formen und Normen. Freiburg: 2017 (Herder)

Buegg, Lieselotte (Hg): Liebeslieder der Pharaonenzeit. Zürich: 1979, Artemis

Campbell, Joseph: Der Heros in tausend Gestalten. Berlin: 2021, Aufbau, 7. Aufl. (New York: 1949, Bollingen)

Comte-Sponville, André: Ermutigung zum unzeitgemäßen Leben. Reinbek: 2010, Rowohlt (Paris: 1995, Presses Universitaires de France)

---: Liebe. Eine kleine Philosophie. Zürich: 2014, Diogenes

---: Sex. Eine kleine Philosophie. Zürich: 2015, Diogenes

Decker, Wolfgang: Sport und Spiel im Alten Ägypten. München: 1987, Beck

Delius, Rudolf von: Philosophie der Liebe. Dresden: 2018, Saxoniabuch (Fotofiche der Ausgabe: Darmstadt: 1922, Reichl)

Elsas, Christoph; Heike **Sternberg-el Hotabi;** Orel **Witthuhn** (Hg.): Sterben, Tod und Trauer in den Religionen und Kulturen der Welt. Berlin: 2015, ebv

Emcke, Carolin: Wie wir begehren. Frankfurt: 2012, S. Fischer

Ficino, Marsilio: Über die Liebe oder: Platons Gastmahl. Hamburg: 2014 (Meiner)

Flaßpöhler, Svenja: Der Wille zur Lust. Frankfurt: 2007, Campus

---: Verzeihen. Vom Umgang mit Schuld. München: 2016, DVA

Friedell, Egon: Kulturgeschichte Ägyptens und des Alten Orients. München: 1998, Beck

Fromm, Erich: Die Furcht vor der Freiheit. 1941, Gesamtausgabe, Bd. 1, S. 217 – 392

---: Die Kunst des Liebens. 1956, Gesamtausgabe Bd. 9, S. 439 – 520

---: Zum Verständnis von seelischer Gesundheit. 1962, Gesamtausgabe Bd. 12, S. 143 – 160

---: Anatomie der menschlichen Destruktivität. 1973, Gesamtausgabe Bd. 7 kompl.

---: Haben oder Sein. 1976, Gesamtausgabe Bd. 2, S. 269 - 416

Funk, Rainer: Zwischen Destruktivität und Liebe. Erich Fromms Erkenntnisse zu zwei widerstreitenden Fähigkeiten des Menschen. Journal für Philosophie: Der blaue Reiter, Band 42, 2/2018, S. 18-23

Galimberti, Umberto: Die Sache mit der Liebe. Eine philosophische Gebrauchsanweisung. München: 2007, Beck (Milano: 2004, Feltrinelli)

Geier, Manfred: Das Glück der Gleichgültigen. Reinbek: 1997, Rowohlt, rowohlts enzyklopädie

Ghandor, Ali: Liebe, Sex und Allah. München: 2019, Beck

Hessel, Stéphane: Empört Euch! Berlin: 2011, Ullstein

Hodel-Hoenes, Sigrid: Leben und Tod im Alten Ägypten. Darmstadt: 1991, WBG

Holler, Constanze (Hg.): Das Krokodil und der Pharao. Eine Anthologie altägyptischer Literatur. Darmstadt: 2012, Philipp von Zabern.

Hornung, Erik: Meisterwerke altägyptischer Dichtung. Zürich: 1978, Artemis

---: Der Eine und die Vielen. Altägyptische Götterwelt. Darmstadt: 2011, WBG, 7. Aufl.

Horstmann, Erwin: Beiträge zur Bewusstseinsgeschichte des Alten Ägypten. Stuttgart: 1982, Mellinger, 2. Aufl.

Höveler-Müller, Michael: Am Anfang war Ägypten. Darmstadt: 2005, Philipp von Zabern

---: Hieroglyphen lesen und schreiben. München: 2014, Beck

---: Das Hatschepsut-Puzzle. Mainz: 2015, Nünnerich-Asmus.

Illouz, Eva: Gefühle in Zeiten des Kapitalismus. Frankfurt: 2006, Suhrkamp

---: Der Konsum der Romantik. Neuausgabe Frankfurt: 2007, Suhrkamp

---: Warum Liebe weh tut. Berlin: 2011, Suhrkamp

Illouz, Eva; Dana **Kaplan**: Sexuelles Kapital in der Spätmoderne. Journal für Philosophie: Der blaue Reiter, Band 42, 2/2018, S. 42-47

James, Thomas G.H.: Pharaos Volk. Leben im Alten Ägypten. Zürich: 1988, Artemis, Lizenzausgabe Büchergilde Gutenberg (London: 1984, Brodley Head)

Jenni, Hanna: Lehrbuch der klassisch-ägyptischen Sprache. Basel: 2010, Schwabe.

Jonas, Hans: Augustin und das paulinische Freiheitsproblem (1965), in: Kritische Gesamtausgabe III/1, S. 59-174, Freiburg/Darmstadt: 2014, Rombach/WBG

Jullien, Francois: Vom Intimen. Fern der lärmenden Liebe. Wien: 2014, Turia + Kant (Paris: 2013, Grasset)

---: Warum man nicht mehr ‚Ich liebe dich' sagen sollte. Wien: 2020, Turia + Kant (Paris: 2019, Éditions de l'Aube)

Junker, Thomas: Die verborgene Natur der Liebe. München: 2016, Beck

Kathan, Julia: Alles für ein bisschen Liebe? 2020[9] Güllesheim, Silberschnur

Kolpaktchy, Gregoire (Hg. und Übers.): Das ägyptische Totenbuch. Bern: 1970, Barth

Kratz, Reinhard Georg; Hermann **Spieckermann** (Hg.): Götterbilder Gottesbilder Weltbilder. Band I: Ägypten, Mesopotamien, Persien. Tübingen: 2009, Mohr-Siebeck

Krebs, Angelika: Zwischen Ich und Du. Eine dialogische Philosophie der Liebe. Berlin: 2015, Suhrkamp

Kristeva, Julia: Geschichten von der Liebe. Berlin: 2016, Suhrkamp

Lanzendörfer, Christoph; Joachim **Scholz**: „Sich vom Acker machen." Zur Psychopathologie eines Ablöseprozesses. Psychother. Psychosom. med. Psychol. 45 (1995), 60 - 64

Lembke, Ulrike: Regulierung des Intimen. Wiesbaden: 2017, Springer VS

Lewis, Clive Staples: Was man Liebe nennt. Zuneigung Freundschaft Eros Agape. Basel: 1979, Brunnen (Glasgow: 1960, Collins and Son)

Lotz, Johannes Baptist: Die drei Stufen der Liebe: Eros Philia Agape. Frankfurt: 1971, Knecht

Machfus, Nagib: Echnaton. Zürich: 2019, Union, 8. Aufl. (Kairo: 1985)

Marion, Jean-Luc: Das Erotische. Ein Phänomen. Freiburg: 2013^2, Karl Alber (Paris: 2003: Grasset)

Marzano, Michela: Alles, was ich über die Liebe weiß. Philosophie eines Gefühls. München: 2018, C. Bertelsmann (Paris: 2014, Éditions Stock)

Morenz, Ludwig D.: Performative Superglyphen als eine graphisch inszenierte Göttersprache: Solare Patäken mit dem machtgeladenen Namen des Sonnengottes. Berlin: 2019, ebv

Nadig, Peter: Hatschepsut. Darmstadt: 2014, Philipp von Zabern.

Pieper, Josef: Über die Liebe. München: 2014, Kösel

Platon, Sämtliche Werke in drei Bänden, Heidelberg: o.J. (1950), Lambert Schneider

Popko, Lutz; Ulrich Johannes **Schneider;** Reinhold **Scholl** (Übers. und Hg.): Papyrus Ebers. Darmstadt: 2021, WBG

Robins, Gay: Frauenleben im Alten Ägypten. München: 1996, Beck (London: 1993, British Museum Press)

Roes, Michael; Hinderk **Emrich**: Einige widersprüchliche Anmerkungen zur Vergeblichkeit der Liebe. Aschaffenburg: 2015, Alibri

Schäfer, Christoph: Kleopatra. Darmstadt: 2006, WBG

Scheler, Max: Abhandlungen und Aufsätze. Zwei Bände. Leipzig: 1915, Verlag der Weißen Bücher

---: Der Formalismus in der Ethik und die materielle Wertethik. Halle: 1916, Max Niemeyer

---: Von der Ganzheit des Menschen. Bonn: 1991, Bouvier

---: Grammatik der Gefühle. Ausgewählte Schriften. München: 2000, dtv

---: Wesen und Form der Sympathie. Nikosia: 2017, TPVerone (Unveränderter Nachdruck der Zweitauflage von 1923)

Schlögel, Hermann A.; Das alte Ägypten. München: 2006, Beck

---: Nofrete. München: 2012, Beck

---: Echnaton Tutanchamun. Wiesbaden: 2013, Harrassowitz, 6. Aufl.

Schönberger, Rolf: Allein die Liebe führt zur Wahrheit. Selbstliebe, Nächstenliebe und Gottesliebe. Journal für Philosophie: Der blaue Reiter, Band 42, 2/2018, S. 30-35

Schnarch, David: Die Psychologie sexueller Leidenschaft. Stuttgart: 2006, Klett Cotta (New York: 1997, Henry Holt)

---: Intimität und Verlangen. Stuttgart: 2011, Klett Cotta (New York: 2009, Beaufort Books)

Schnittger, Marianne: Hatschepsut. Eine Frau als Königin von Ägypten. Darmstadt: 2011, Philipp von Zabern, 2. Aufl.

Schoske, Sylvia; Dietrich **Wildung**: Nofret – Die Schöne. Die Frau im Alten Ägypten. Kairo, Mainz: 1984, Ägyptische Altertümer Verlag / Verlag Philipp von Zabern

Schrott, Raoul (Hg. Und Übers.): Die Blüte des nackten Körpers. Liebesgedichte aus dem Alten Ägypten. München: 2010, Hanser

Shaw, Garry: Götter am Nil. Darmstadt: 2015, Philipp von Zabern (London: 2014, Thames & Hudson)

Sleigh, Julian: Freunde und Liebende. Stuttgart: 2019, Urachhaus (Edinburgh: 1998, Florisbooks)

Taylor, Charles: Ein säkulares Zeitalter. Frankfurt: 2009, Suhrkamp (New York: 2007, Harvard University Press)

Tietze, Christian (Hg.): Pharao. Leben im Alten Ägypten. Darmstadt: 2017, Philipp von Zabern.

Topmann, Doris: Die „Abscheu"-Sprüche der altägyptischen Sargtexte. Wiesbaden: 2002, Harrossowitz

Trawny, Peter: Philosophie der Liebe. Frankfurt: 2019, S. Fischer

Tyldesley, Joyce: Die Königinnen des Alten Ägypten. Leipzig: 2008, Köhler & Amelang (London: 2006, Thames & Hudson)

Waltari, Mika: Sinuhe der Ägypter. Köln: 2014, Bastei Lübbe (Helsinki: 1945, WSOY)

Weil, Simone: Cahiers – Aufzeichnungen, Band 2, München: 2017², Hanser

Wilkinson, Toby: Aufstieg und Fall des alten Ägypten. München: 2012, Pantheon, 5. Aufl. (London: 2010, Bloomsbury)

Wolf, Walther: Die Bewaffnung des altägyptischen Heeres. Leipzig: 1926, Hinrich'sche Verlagsbuchhandlung.
Zeller, Eduard: Die Philosophie der Griechen in ihrer geschichtlichen Entwicklung. Darmstadt: 2015, WBG (unveränderter Nachdruck der 5. Auflage Leipzig: 1922, Reisland), hier: Band II/1

Bildnachweis:

Die Abb. 1, 2, 7 sowie das in der Titelei stammen aus den frei zugänglichen Quellen von Wikimedia.
Die Abb. 4 und 5 entstammen dem Buch „Nofret – Die Schöne", ein Katalog über eine Wanderausstellung als Gemeinschaftsaktion der Ägyptischen Altertumsverwaltung und des Hauses der Kunst, München.
Für die Überlassung der Abb. 6 und 8 aus dem Fundus seiner privaten Dateien möchte ich mich ganz herzlichen bei Herrn Prof. Dr. Michael Höveler-Müller bedanken. Ich weiß diese Erlaubnis zu würdigen.